KEMAN

Wege ins Licht
Die Rebellion der Götter

Plejadische
Schlüsselbotschaften
zum Wandel der Zeit

1. Auflage   Januar 1997
2. Auflage   Februar 1997
3. Auflage   April 1997
4. Auflage   Juni 1997

© Licht-Quell-Verlag
D-93010 Regensburg
Postfach 10 10 20
Tel. 0941/ 79 38 42
Fax. 0941/ 79 49 10

ISBN 3-926563-75-3

Dieses Buch ist gewidmet all denen,
die Veränderungen in sich fühlen
und denen,
die noch von sich selbst glauben
im „Abseits" zu stehen.

Dieses Buch ist gewidmet den Suchenden
und denen,
die bereits zu finden begonnen haben.

Dieses Buch ist gewidmet
der Erinnerung an euer altes Wissen
und der Erkenntnis des ewigen Seins.

Dieses Buch ist gewidmet dem Wandel,
der Zeit und allen Menschen.

Dieses Buch ist der
unendlichen Liebe des EINEN gewidmet,
aus der es entstand.

Inhaltsverzeichnis:

Vorwort

Als ich gegen Ende 1995 anfing zu „channeln", wußte ich zunächst nicht genau, ob mir tatsächlich etwas wunderbares „passierte" oder ob ich jetzt „nicht mehr alle Tassen im Schrank" hatte.
Im Laufe der Zeit lernte ich, daß das, was mir medial übermittelt wurde, immer zutraf.

Der mediale Kontakt zu den „Jungs" von Alcyone, wie wir sie liebevoll und - trotz der etwas „flapsigen" Bezeichnung - durchaus respektvoll nennen, hat meine Lebenspartnerin Gabi und mich sehr verändert.
Ich stellte im Lauf der Zeit sogar fest, daß ich teilweise und zunächst ohne mir dessen bewußt zu sein, deren sprachliche Ausdrucksweise annahm.
Vieles, was früher für uns außerordentlich wichtig war, hat seine Bedeutung völlig verloren, weil wir gelernt haben (und immer noch lernen), daß wir unser Leben tatsächlich unabhängig von den äußeren, den materiellen Gegebenheiten selbst gestalten können.

Phänomenal sind die Zeitangaben, die immer wieder „ankommen". *„Bald"* ist eine Definition, die gerne verwendet wird. *„Bald"* kann fünf Minuten bedeuten, eine Stunde, drei Wochen oder ein halbes Jahr. *„Bald"* bedeutet eigentlich nur, daß „etwas" passieren wird und daß es zum „richtigen" Zeitpunkt passieren wird.

Wir haben im Zuge unserer Arbeit das „Alcyone-centrum" gegründet. Der Begriff „centrum" sollte eher als so etwas wie ein „Knotenpunkt" verstanden werden und nicht als irgendeine imaginäre „geheiligte" Stätte.
Wir sehen uns als Verteiler und Übermittler von Information und von „Hilfsmitteln", die uns Menschen bei unserer *Bewußtwerdung* unterstützen können.

Durch unsere Arbeit haben wir zu vielen Menschen Kontakt, und wir hören immer wieder, daß wir, meine Lebenspartnerin Gabi und ich „es" ja relativ leicht hätten, da wir alles „von oben" bekommen, was wir brauchen.
So verhält sich das jedoch nicht.
Was wir erhalten, sind Informationen. Es liegt jeweils an uns selbst, wie wir damit umgehen. Wir können aufgrund der übermittelten Information „Selbstversuche" anstellen oder es einfach lassen. Die Entscheidung liegt *immer* bei uns selbst.

Wir haben die Erfahrung gemacht, daß Veränderung bei uns selbst anfangen muß, wenn sie von Dauer sein soll.

Wir leben in einer Zeit, die uns Menschen eine Vielzahl von Chancen bietet.
Aus persönlicher Erfahrung kann ich sagen, es ist in jedem Falle lohnenswert, das, was die „Jungs" von Alcyone uns übermitteln, zumindest *einmal* zu versuchen.

Es wird euer Leben konstruktiv verändern.

Nachdem der erste Teil der „Wege ins Licht" Trilogie für mich sehr schwierig zu schreiben war, bereitete es wahres Vergnügen, diesen hiermit vorliegenden zweiten Teil übermittelt zu bekommen.

Ihr werdet, liebe Leser, beim Lesen feststellen, daß Begriffe immer wieder mit Bindestrich getrennt wurden und in diesen Fällen die Groß- und Kleinschreibung den herkömmlichen Rechtschreibregeln nicht entspricht.
Dies trifft auch immer wieder auf Begriffe zu, die „bewußt", „sein" oder „selbst" beinhalten.

Ich denke, daß es zu den Inhalten dieses Buches kaum noch mehr zu sagen gibt, denn sie sprechen für sich selbst.

8

Es wurde angekündigt, daß es noch einen dritten Teil der „Wege ins Licht" geben wird.
Wann dieser Teil übermittelt und veröffentlicht wird steht noch nicht fest - es wird jedoch zum „richtigen" Zeitpunkt sein.

Ich danke allen, die zu der Entstehung dieses Buches und dessen Verbreitung beigetragen haben oder es noch werden und ich bin sehr dankbar für den inneren Wandel, den ich erfahren habe.

Keman

Der Weg ist das Ziel

Wir sind Alciae. Unsere Heimatwelt ist die zentrale Sonne der Plejaden, die euch als Alcyone bekannt ist.
Unsere Heimatwelt ist eine Sonne, auf der wir nur deshalb leben können, da die Schwingung unserer Erscheinungsform höher ist als diejenige der Welt, die unsere Heimat ist.
Wir sind Wesen aus reiner Energie. Könntet ihr uns in unserer tatsächlichen Erscheinungsform wahrnehmen, so würdet ihr uns als Wesen reinen, weißen Lichtes erkennen.
Wir sind ein Kollektiv unterschiedlicher, individueller Bewußtseinszustände und haben uns vereinigt zu einem Wesen, dem Hüter der Informationen der zentralen Sonne Alcyone.

Unser Leben ist der Dienst am konstruktiven Geist des EINEN und EINZIGEN.
Ihr würdet sagen, wir dienen der Liebe des EINEN.

Wir kommen zu euch, um euch Information zu vermitteln.
Information ist Energie, und so sind wir bei euch, um euch einen Teil von uns selbst zu geben.

Ihr seid im Begriff, euch und den Planeten Erde, auf dem ihr euch inkarniert habt, zu transformieren, also in eine andere, höhere Art der Schwingung zu erheben.
Ihr lebt zu einer Qualität der Zeit, die es euch ermöglicht, eine Qualität eures Lebens zu erfahren, die ihr euch in euren kühnsten Träumen nicht einmal ansatzweise vorstellen könnt.

Ihr seid dort auf eurem Planeten, um Wandlung einzuleiten, fortzuführen und abzuschließen.
Solange ihr euren Geist noch nicht erkannt habt, seid ihr gezwungen, euch mit den materiellen Gegebenheiten abzufinden.
Ihr werdet euch klein fühlen, allein und verlassen.
Doch sei euch gesagt, ihr seid weder klein noch allein noch verlassen.

10

Es ist an der Zeit, daß ihr erkennt, wer ihr tatsächlich seid. Es ist an der Zeit, daß ihr erkennt, wozu ihr in Wahrheit fähig seid, und es ist an der Zeit, daß ihr werdet, wer und was ihr tatsächlich seid.

Wir sind die Geschichtenerzähler des Universums, und wir sind bei euch, um euch weitere Geschichten zu erzählen.

Niemals erzählen wir euch die gleiche Geschichte zweimal - denn was gestern noch Wahrheit war, vermag heute die Lüge zu sein. Die Zukunft ist fließend und wird aus der Gegenwart gestaltet.

Das Gestern ist aus eurer Perspektive Vergangenheit, und ihr könnt es nicht mehr zurückholen. So laßt das Vergangene hinter euch, und beginnt, aus dem Jetzt die Zukunft zu gestalten.

Wir, die wir der Liebe des EINEN und EINZIGEN dienen, sind gekommen, um euch zu begleiten auf eurem Weg, der, je länger er steinig und schwer zu beschreiten zu sein scheint, euch lehren wird zu fliegen.

Je länger ihr den Weg des Geistes beschreitet, desto leichter und einfacher wird er euch erscheinen.

Wenn ihr unsere Geschichten vernehmt, so lest sie nicht nur mit euren Augen und versucht nicht nur, mit eurem Verstand zu begreifen. Hört unsere Geschichten mit euren Herzen.

Wir sind gekommen, euch Information zu geben. Information, Energie oder Bewußtsein sind ein und dasselbe. So sind wir auch gekommen, euch Bewußtsein zu geben. Doch können wir euch nicht geben, was ihr nicht nehmen wollt.

Hört ihr unsere Geschichten mit euren Ohren, so werdet ihr sie lieben. Hört ihr unsere Geschichten mit euren Herzen, so werden sie euch lehren, die Schwere des materiellen Seins hinter euch zu lassen, und sie werden euch lehren zu fliegen.

Der Schlüssel zu allem, was in euch ist, ist die Liebe in euch.

Ihr braucht sie nicht zu erwecken, die Liebe. Sie ist Teil von euch - seit Anbeginn eures Seins.

Wenn ihr unsere Worte lest, so seid kritisch und achtet darauf, was euer Verstand und euer Gefühl euch sagen. Glaubt nicht einfach, sondern versucht zu begreifen, zu fühlen und zu erkennen.
Konsumiert nicht Wissen, so wir ihr eure Waren konsumiert. Nehmt die Information des Denkens und Fühlens, die ihr erhaltet und begreift.

Quellen der Information gibt es bereits viele für diejenigen, die nach Information suchen. Sucht euch die Quellen, von denen ihr euch angezogen fühlt, und seid versichert, sie werden euch auf eurem Wege behilflich sein.

Ihr seid die Kinder des Lichtes, und so ihr euch selbst noch nicht erkannt habt, so seid versichert, bald werdet ihr erkennen.
Ihr seid Rebellen des Lichtes und werdet, ob ihr euch nun bereits bewußt geworden seid oder nicht, die bestehenden Systeme zerbrechen. Ihr werdet die bestehenden Strukturen der destruktiven Macht und Manipulation in der Liebe des EINEN ihres eigenen Widerspruches lehren und durch das entstehende Chaos Raum für Neues schaffen.

Ihr seid die Kinder des Lichtes.
Gehet hin, und erkennt euch selbst. Gehet hin und schafft Veränderungen in euch - so werdet ihr die Welt verändern.
So seid nun umarmt im Licht und in der Liebe des EINEN.

Fragen über Fragen

Noch immer könnt ihr den Zusammenhang zwischen Bewußtsein, Energie und Information nicht begreifen.

Noch immer stellt ihr euch einen Gott vor, der irgendwo in den Weiten des All-es körperlich existiert, umgeben von einer Vielzahl körperlich existierender Helfer und Helfershelfer.

Noch immer stellt ihr euch einen körperlichen Gott vor, der die Geschicke der einzelnen Menschen, eures Planeten, eures Sonnensystems, des Universums oder des Kosmos leitet.

Noch immer stellt ihr euch einen Gott vor, der straft und belohnt, der für euch die höhere und höchste Macht repräsentiert. Der euch Kriege schickt, um euch zu bestrafen, und der euch durch die Anwesenheit eurer Engel belohnt, die euch eure innersten Wünsche erfüllen helfen sollen.

Haltet inne und hört in euch hinein. Ist es nicht so, wie wir euch erzählen?

Denkt ihr nicht noch immer an die höheren Mächte, die belohnen und bestrafen?

Wenn die Oberfläche eures Bewußtseins euch erklärt, daß es anders ist, so dringt um eine oder mehrere Stufen tiefer in euer Bewußtsein ein.

Irgendwo dort in euch, tief, tief in den untersten, verborgenen Schichten eures Bewußtseins, werdet ihr diese Überzeugung finden.

Fragt eure Kinder, von denen ihr wißt, daß noch niemand ihnen versucht hat zu erklären, wer oder was derjenige ist, den als „Gott" ihr bezeichnet.

Eure Kinder bereits werden euch erzählen, daß Gott der Mann ist, der über den Wolken wohnt und das Tun der Menschen überwacht.

Habt ihr euch jemals gefragt, woher diese Überzeugungen kommen?

Ihr seid dabei, euch „spirituell" zu entwickeln. Jeder von euch, der unsere Geschichten liest, ist ein spiritueller Mensch. So seid ihr spirituell und meditiert. Ihr schließt eure Augen und atmet bewußt. Ihr visualisiert und transzendiert und kapselt euch für kurze Momente von eurer Außenwelt ab. Ihr fühlt euch beglückt in den tiefen Schichten eures Selbst und kehrt irgendwann zurück in eure Gegenwart, eure Realität. Ihr öffnet eure Augen und seid wieder dort, wo ihr begonnen habt.

Ihr verlaßt die Welt, in der euer Geist dominiert hat, und der kurze Augenblick des Glückes gehört der Vergangenheit an. Ihr widmet euch wieder euren täglichen Aufgaben.

Was jedoch ist nun die Realität? Ist eure Realität der Zustand, in dem ihr frustriert, angstvoll und gehemmt durch die dritte Dimension eures Seins schreitet, oder ist die Realität der Zustand, in dem ihr die Augen geschlossen habt und ihr durch die Tiefen eures Bewußtseins reist?

Euer Planet kreist auf einer elliptischen Umlaufbahn um eure Sonne durch das Weltall. Hat sich euer Planet am weitesten von eurer Sonne entfernt, so ist es auf eurem europäischen Kontinent Sommer. Ist eure Erde der Sonne am nächsten, so habt ihr die Jahreszeit des Winters. Da die Jahreszeiten von Kontinent zu Kontinent unterschiedlich sind, wie kann euch dann gesagt werden, eure Sonne würde die Erde wärmen?

Seit Jahrzehnten finden sich auf eurem Planeten immer wieder selbsterklärte Meister, die euch lehren, daß eure Gedanken die Realität manifestieren. Viele von euch haben Übungen und Trainings gemacht, und ihr habt für euch selbst erfahren, daß „etwas" dahinterstecken muß. Durch Praktizieren der erlernten Übungen habt ihr erfahren, daß „es" tatsächlich funktioniert. Im Laufe der Zeit jedoch habt ihr es wieder vergessen und seid in euren alten Trott zurückgefallen und habt euch auf die Suche nach neuen Herausforderungen gemacht.

Wie jedoch ist es möglich, daß ein Gedanke die Basis schafft, daß die dreidimensionale Realität sich verändert?

Haltet wiederum einen Moment inne, und hört in euch hinein. Habt ihr nicht, während wir diese Fragen gestellt haben, während des Lesens sofort versucht, diese Fragen so zu beantworten, daß euer Verstand von sich behaupten konnte, daß alles in Ordnung sei und wir euch im Prinzip nichts Neues erzählen?

Fand nicht in euch während des Lesens ein Dialog statt, in dem euer Verstand versucht hat, euch all das zu erklären, wonach wir euch fragten?
Wart ihr nicht sehr schnell in der Lage, euch selbst eine Antwort zu geben auf unsere Frage nach eurem Gott?
Konntet ihr euch selbst unsere Fragen nach der tatsächlichen Realität, nach der Erwärmung eures Planeten und nach der Macht der Gedanken sehr schnell beantworten?

So stellen wir euch die nächste Frage: Haben euch eure eigenen Antworten tatsächlich befriedigt, oder habt ihr euch wiederum mit Antworten zufriedengegeben, von denen ihr nicht wißt, ob sie nun tatsächlich der Wahrheit entsprechen?

Wie oft in eurem Leben habt ihr euch schon mit oberflächlichen Antworten zufriedengegeben?
Wie oft in eurem Leben wart ihr euch selbst wertvoll genug, um die Frage „WARUM" zu stellen?

Unsere Geschichte soll euch lehren, nach dem WARUM zu fragen. Und seid versichert, entgegen eurer tiefen inneren Überzeugung werdet ihr erfahren, daß allein das Stellen der Frage WARUM immer und ohne Ausnahme zu einer Antwort führen wird.
Damit ihr die Antwort jedoch vernehmen könnt, ist es erforderlich, daß ihr euch eures SELBST bewußt werdet.

Wir werden euch also lehren, die Fragen zu stellen und das Bewußtsein zu entwickeln, auch tatsächlich die Antwort vernehmen zu können.

So wäre es nun an der Zeit, euch selbst zu fragen, ob ihr denn für
euch selbst bereit seid, Verantwortung zu übernehmen.

Es wäre nun an der Zeit, euch selbst zu fragen, ob ihr in euch
selbst und für euch selbst Veränderungen herbeiführen wollt.

Was, Kinder des Lichtes, wollt ihr?

Eine kleine Übung

Da nur wenige von euch unsere Geschichte in einem Stück lesen werden, möchten wir euch eine kleine Übung vorschlagen, die dazu beitragen kann, daß ihr euer Herz öffnet und Platz in euch selbst schafft, um neue Information aufzunehmen und in euch zu verankern.

Skurrilerweise gehört ihr Menschen zu den wenigen Ausnahmen im Universum, die es fertigbringen, Luft zu atmen, ohne sich bewußt zu sein, daß Atmen nicht nur der Aufnahme von Luft gewidmet ist, sondern letztendlich der ständigen Aufnahme von göttlichem Bewußtsein oder göttlicher Energie dient.

Ihr werdet im Laufe unserer Erzählung noch begreifen, was die Aussage: „Das einzigste, was tatsächlich existiert, existiert hat und existieren wird, ist das Bewußtsein des EINEN" in ihrer gesamten Konsequenz bedeutet.
Im Moment ist es ausreichend, wenn ihr diese Übung vollziehen werdet, ohne deren tatsächliche Bedeutung zu kennen und zu erkennen.

So möchten wir euch also darum bitten, daß ihr jedesmal, bevor ihr nach einer Pause unsere Geschichten weiterlest, diese kleine Übung vollzieht.

Göttliches Bewußtsein oder, um einen Begriff aus eurer Sprache zu verwenden, Prana ist im Prinzip reine Energie.
Energie ist etwas, das ihr unter „normalen" Umständen nicht sehen könnt.
Würdet ihr eine eurer transportablen Energiequellen nehmen und euch beide Pole dieser Batterie an eure Zunge halten, so würde diese Energie sofort von euch in Form von Kribbeln oder sogar Schmerz wahrgenommen werden.
Steckt ihr gleichzeitig zwei eurer Finger in eine Steckdose, so würdet ihr schlagartig bemerken, daß ihr eure elektrische Ener-

gie zwar nicht sehen könnt, jedoch durchaus in der Lage seid, sie zu erfühlen.

Wir bitten euch jedoch darum, euch diese Erfahrung der Wahrnehmung dreidimensionaler Energie zu ersparen, da bereits eine kleine Batterie unter Umständen in der Lage wäre, die Geschmacksnerven eurer Zunge zu schädigen, ganz zu schweigen von dem Schaden, den euch der Versuch zufügen würde, in eine Steckdose zu fassen. Einige von euch wissen, wovon wir sprechen.

Für eure Fahrzeuge verwendet ihr eine Flüssigkeit, die aus verwesten Fossilien gewonnen wird.

Auch dies ist in eurer Welt ein Energieträger. Dennoch würdet ihr kaum auf den Gedanken kommen, euer Energiepotential zu erhöhen, indem ihr Benzin zu euch nehmt. Die Chance ist groß, daß ihr dadurch euren Verdauungstrakt dauerhaft schädigt.

Um eure Maschinen und Geräte anzutreiben, verwendet ihr einen Umweg, indem ihr eine Energieform in eine andere umwandelt. Ihr verwendet Benzin, um in den Motoren eurer Fahrzeuge Explosionen zu erzeugen, die lediglich eine Mechanik antreiben. Ihr verwendet die Bewegung von Wasser oder künstlich erzeugtem Wasserdampf, um Turbinen anzutreiben, die wiederum einen Generator in Drehung versetzen, der wiederum ein elektromagnetisches Feld erzeugt, das für euch als Strom nutzbar wird. Gleich-gültig, was ihr tut, um eure Maschinen anzutreiben und vorwärts zu bewegen, ihr müßt immer mehr Energie zuführen, als ihr entnehmen könnt.

Das perpetuum mobile, die Maschine, die sich selbst mit der Energie versorgt, die sie benötigt, um ihre Bewegung beizubehalten, ist für die meisten von euch noch unvorstellbar. Sich vorzustellen, daß Energie einfach vorhanden ist und auf einfache Art und Weise für euch zu nutzen ist, entzieht sich dem Gros der Menschheit völlig ihrer Vorstellungskraft.

Göttliches Bewußtsein, Prana, freie Energie, gleich-gültig, welche Formulierung ihr dafür verwendet, ist ständig und ohne Ausnahme um euch herum.
Tatsächlich existiert nichts anderes in den Weiten des All-es als göttliches Bewußtsein oder Prana oder freie Energie. Alles, was existiert, existiert hat oder jemals existieren wird, besteht oder bestand aus diesem göttlichen Bewußtsein.
In diesem göttlichen Bewußtsein ist jegliche Information enthalten, die jemals existierte, existiert oder existieren wird.

Könnt ihr uns noch folgen?

Obwohl ihr diese göttliche Energie weder sehen noch fühlen noch schmecken oder auf sonst irgendeine Art und Weise mit euren dreidimensionalen Sinnen wahrnehmen könnt, ist sie doch vorhanden.
In jedem Moment eurer Existenz - und wir sprechen nicht nur von eurer dreidimensionalen, also körperlichen Existenz - nehmt ihr in jeder Sekunde eures Seins diese Energie zu euch, versorgt sie mit einer euch eigenen Information und gebt sie wieder nach außen ab.
Im Prinzip ist diese göttliche Energie weder positiv noch negativ, weder konstruktiv noch destruktiv und weder schwarz noch weiß. Sie ist so, wie sie eben ist.
Sie ist absolut neutral in ihrer „Ladung".
Nichtsdestotrotz beinhaltet diese Energie all-es, was war, ist oder sein wird. Diese Energie ist nicht göttlichen Ursprunges - sie ist Gott oder, wie wir sagen würden, der EINE.

Ihr nehmt also in jeder Sekunde eures Seins das in euch auf, was ihr im Prinzip selbst seid: göttliches Bewußtsein.
Dieser Vorgang ist jedoch den meisten von euch unbewußt. Ihr atmet einfach, indem ihr Luft in eure Lungen pumpt, euer Blut mit Sauerstoff versorgt und dann wieder ausatmet.

Gleichzeitig atmet ihr jedoch das Bewußtsein des EINEN in euch ein. Ihr atmet diese Energie jedoch **nicht** durch eure Lungen ein und aus.

Ihr atmet mit jedem Atemzug das Bewußtsein des EINEN in euch ein, und ihr atmet es einfach wieder aus. Jeder Atemzug, würdet ihr ihn bewußt tun, könnte euch mit dem EINEN verbinden. Jeder Atemzug, den ihr tut, könnte euch heilen, euch bewußt werden lassen, euch in schwindelerregende Höhen bringen. Was jedoch tut ihr?

Ihr atmet einfach. Ihr pumpt Luft in eure Lungen, versorgt euer Blut mit Sauerstoff und atmet wieder aus.

Jeder Atemzug könnte euch Information geben, könnte euch mit für euch unvorstellbarer Energie aufladen. Jeder Atemzug, den ihr tut, könnte euch dem EINEN näherbringen. Ihr jedoch atmet die Luft ein und atmet sie wieder aus. Jeder Atemzug, den ihr tut, verändert nichts weiter, als daß er euch am Leben erhält. Ein Leben, das euch im Prinzip auf die eine oder andere Art frustriert und das ihr mit jedem Atemzug verändern könntet.

Das Prinzip des EINEN ist die Selbst-Erkenntnis. Der EINE hat den Wunsch und das Bedürfnis, sich Selbst erkennen zu wollen, alle Möglichkeiten, die IHM selbst innewohnen, zu erforschen und zu ergründen.

All-es Leben, das in den Weiten des All-es existiert, existiert hat oder jemals existieren wird, ist Teil des EINEN. Gleich-gültig, welche Erscheinungs- oder Ausdrucksform es angenommen hat. All-es, was existiert, **ist** Leben. All-es, was euch umgibt, ist lebendiger Ausdruck des EINEN. Seien es die Pflanzen, die Tiere, Steine oder sonstige Mineralien.

Selbst der Planet, auf dem ihr lebt, ist lebendiger Ausdruck des EINEN. Ihr lebt auf einem Lebewesen, das es sich zur Aufgabe gemacht hat, euch bei eurer Entwicklung und damit der Entwicklung des EINEN zu dienen.

Ihr selbst und jegliche Erscheinungsform göttlichen Bewußtseins, also ALL-ES, was existiert, ist **ein** Aspekt des EINEN.

So seid also ihr selbst, so wie alle anderen Lebewesen und Lebensformen, die um euch sind, und diejenigen, die auf und in anderen Welten leben, in ihrer Gesamtheit der EINE selbst!

Dennoch, und dies wird euch wiederum verwirren, existiert der EINE nach wie vor als Einheit in sich selbst. So mag es durchaus sein, daß ihr die Aussage unseres letzten Satzes nicht verstehen könnt, jedoch ist dies im Augenblick für euch nicht von Bedeutung.

Da nun jeder einzelne von euch ein Aspekt des EINEN ist, der lediglich der Selbst-Erfahrung des EINEN dient, könnt ihr euch sicher sein, daß ihr nicht einfach in eure Existenz „verstoßen" worden seid. Der EINE, dessen einmaliger und individueller Aspekt jede einzelne Existenzform ist, stellt euch in jedem Moment eures Seins all-es zur Verfügung, was ihr tatsächlich benötigt.

Da ihr in eurer einen und einzigen Existenzform Energie oder Bewußtsein seid, stellt der EINE euch in jedem Moment eures Seins Energie oder Bewußtsein zur Verfügung.

Mit jedem Atemzug, den jeder von euch tut, könntet ihr euch das aus dem euch zur Verfügung gestellten Bewußtsein entnehmen, was ihr eben gerade benötigt.

Was euch daran hindert, ist lediglich die Unkenntnis dieses Vorganges und die Tatsache, daß euer eigener Informations- oder Bewußtseinszustand als Filter wirkt.

Wäre es euch nun möglich, euer Bewußtsein zu erweitern, so könntet ihr die „Durchlaßöffnung" eures eigenen Filters vergrößern und somit mehr Information oder Energie während des Atemvorganges aus dem Bewußtsein des EINEN entnehmen.

Ihr könntet euch durch ein „Bewußtseinsbad" reinigen oder euch göttliches Bewußtsein zunutze machen, um euch endlich das

Leben zu gestalten, das ihr euch im tiefsten Inneren eures Herzens schon immer gewünscht habt.

In allen schriftlichen Darstellungen aller Zivilisationen eures Planeten findet ihr Hinweise darauf, daß der EINE, bezeichnet als Gott, ständig bei euch und in euch ist. Weitere Hinweise werdet ihr finden, daß ihr den EINEN, als Gott bezeichnet, nicht belügen könnt, da er in eurem Herzen wohnt.
Wenn ihr unseren Erzählungen keinen Glauben schenken mögt, so lest eure Bibel, den Koran oder was auch immer euch an schriftlichem Material zur Verfügung stehen mag und untersucht die Mitteilungen unter diesem von uns geschilderten Aspekt.

Für diejenigen unter euch, die trotz ihres leisen inneren Zweifels sich weiterhin unserer Erzählung zuwenden mögen, werden wir nun zur Praxis schreiten und uns der kleinen Übung zuwenden.
Wir möchten euch nochmals bitten, jedesmal, bevor ihr euch unserer Geschichte nach einer Unterbrechung zuwendet, diese kleine Übung zu vollziehen.

Ihr verfügt über eine Vielzahl von Chakras. Die tatsächliche Anzahl eurer Chakras beträgt 144.000. Für unsere kleine Übung jedoch sind nur die sieben Chakras von Bedeutung, die zu dieser Qualität der Zeit für euch die „Hauptchakras" darstellen.
Das erste dieser Chakras befindet sich etwa in Höhe des unteren Wirbelsäulenendes. Das zweite Chakra befindet sich etwa eine Handbreit darüber. Das dritte Chakra befindet sich wiederum eine Handbreit über eurem Bauchnabel. Das vierte Chakra, das für unsere Übung von wesentlicher Bedeutung ist, sitzt in der Höhe eures Herzens. Das fünfte Chakra befindet sich in Höhe eures Kehlkopfes. Das sechste Chakra befindet sich etwa zwei Fingerbreit über euren Augenwülsten, also den Knochenwölbungen über euren Augen, und das siebente Chakra befindet sich wiederum etwa zwei Fingerbreit über eurer Schädeldecke.
Für unsere Übung ist es von Bedeutung, daß ihr wißt, daß euer Scheitelchakra die Form einer etwa eßtellergroßen, etwas zu eu-

rem Schädel hin konkaven Scheibe hat. Im Prinzip sieht es aus wie ein leicht in sich gewölbter Trichter.

Bevor ihr diese Übung vollzieht, solltet ihr die Übung etwas üben. Schließt eure Augen, und konzentriert euch auf euren Atem. Wenn es euch gelungen ist, einen regelmäßigen Rhythmus von einatmen, den Atem etwas anhalten und wieder ausatmen gefunden habt, so beginnt nun, durch euer oberstes Chakra mit der Form eines flachen Trichters, Prana oder göttliches Bewußtsein in euch hineinzuziehen.

Dies bedarf keiner großen Anstrengung, da ihr diesen Vorgang bisher ohnehin mit jedem Atemzug vollzogen habt. Der Unterschied besteht lediglich darin, daß ihr nun damit beginnt, diesen Vorgang bewußt zu vollziehen.

Während ihr Luft in eure Lungen leitet, zieht ihr das Prana durch euer sechstes und fünftes Chakra. Habt ihr den Prozeß des Einatmens abgeschlossen und sind eure Lungen mit Luft gefüllt, so befindet sich das Prana in der Höhe eures vierten Chakras, also des Herzens. Während die Luft in euren Lungen verbleibt, laßt ihr das Prana in der Höhe eures Herzens zu einem kleinen Ball anschwellen.

Beginnt ihr nun mit dem Prozeß des Ausatmens, leitet ihr nun das Prana durch euer drittes Chakra, das zweite Chakra und sodann durch das erste Chakra in Höhe eures Wirbelsäulenendes nach unten ab.

Während eures Atemvorganges, der Luft in eure Lungen füllt, vollzieht ihr also parallel dazu das Prana Atmen. Es mag durchaus sein, daß ihr diesen Vorgang etwas üben müßt, dennoch werdet ihr sehr schnell einen Rhythmus finden.

Wenn ihr diese Übung vollzieht, achtet darauf, neun mal zu atmen, und kehrt dann zu eurem Tagesbewußtsein zurück. Versucht in dem derzeitigen Stadium, diese Übung nicht mit irgendwelchen Visualisierungen oder ähnlichem zu unterlegen.

Atmet und laßt fließen. Wenn es euch möglich ist, so atmet nicht, sondern laßt euch atmen.

Der eine oder andere von euch wird vielleicht feststellen, daß das Prana an dem einen oder anderen Chakra „vorbeifließt", ohne es zu durchlaufen. Verwendet bitte bei dem derzeitigen Stand der Dinge keinerlei Übungen, um das eine oder andere Chakra zu aktivieren. Laßt es so, wie es ist.

Das bewußte Atmen von Prana, von göttlichem Bewußtsein, wird euch helfen, euer Herz zu öffnen.

Diese Übung ist für eure weitere Entwicklung von großer Bedeutung. Aus diesem Grunde bitten wir euch, sie so oft auszuführen, bis es euch leichtfällt, sie zu vollziehen.

Wir werden im Laufe unserer Erzählung wieder zu dieser kleinen Übung mit großer Wirkung zurückkehren und möchten sie hiermit als „Pranaatmung" bezeichnen, damit ihr sie im Laufe unserer weiteren Erzählung wiedererkennen könnt.

Im Prinzip könnten wir unsere Erzählung an dieser Stelle bereits abbrechen. Alles, was ihr wissen müßt, ist in diesen wenigen Seiten zu finden.

Aus all dem, was wir euch bisher erzählt haben, könntet ihr erkennen, wer und was ihr seid, und ihr könntet all-es daraus gestalten.

Dennoch befriedigt es euch nicht. Das Schnarchen eures anhaltenden Schlafes durchdringt die Weiten des All-Es und veranlaßt die auf dem Plan zu bleiben, die euch euer Schlaflied singen.

Werdet wach, ihr Kinder des Lichtes und der Liebe, damit ihr tun könnt, was zu tun ihr euch vorgenommen habt.

Mikro- und Makrokosmos

Nun, ihr Menschen verfügt über einige durchaus bewundernswerte Eigenschaften. So gelingt es euch immer wieder, nachdem ihr auf irgendeine Art und Weise mit etwas konfrontiert wurdet und das euch sehr berührt hat, euch die Siebenmeilenstiefel überzustülpen und sofort, ohne groß darüber nachzudenken und nachzufühlen, loszurennen. Ihr lauft und rennt und rennt und lauft, bis euch eure Zunge aus dem Halse hängt. Wenn es euch nicht mehr gelingt, auch nur noch einen Schritt zu tun, haltet ihr inne in eurer schnellen Fortbewegung. Dann, wenn ihr nicht mehr weiterkönnt und stehenbleiben müßt, nehmt ihr euch die Ruhe, euch einmal umzusehen, wohin ihr denn nun geraten seid. Ihr habt innerhalb kürzester Zeit eine gigantische Strecke des Weges zurückgelegt, ohne euch über die einzelnen Schritte bewußt geworden zu sein.

Nun jedoch steckt ihr in dem Dilemma, daß ihr zunächst einmal herausfinden müßt, wohin ihr geraten seid, denn vor lauter Eile, euch eure Siebenmeilenstiefel überzuziehen, habt ihr vergessen, über das Ziel, also den Weg und das Ende der Strecke nachzudenken die ihr zurücklegen wollt.

Ihr seid nun „irgendwohin" geraten und müßt zunächst einmal versuchen, euch zu erinnern, wo ihr überall vorbeigelaufen seid, damit ihr überhaupt herausfinden könnt, wo ihr euch nun gerade befindet.

Die Zeit, die ihr nun vor eurer „Konkurrenz" an eurem Ziel angekommen seid, benötigt ihr nun, um herauszufinden, ob dieser Ort, an dem ihr euch gerade befindet, auch tatsächlich euer Ziel ist!

Habt ihr nun „Glück" gehabt, so seid ihr tatsächlich in die euch eigene Richtung gelaufen. Habt ihr „Pech" gehabt, so müßt ihr nun beginnen, euch neu zurechtzufinden, ein Stück des Weges zurückgehen und müßt die nächste Abzweigung benutzen.

Ihr habt es so eilig mit eurer „spirituellen" Entwicklung, daß ihr euch nicht einmal Gedanken darüber macht, welchem Sinn und Zweck denn eure Entwicklung dienen soll.

Natürlich, ihr wollt euch transformieren, Selbst-verständlich wollt ihr euch aus der Materie lösen. Auf jeden Fall wollt ihr euren Verstand, euer Ego, „in die Wüste schicken", ihn aus euch verbannen, damit endlich euer Geist wirken kann.

Doch habt ihr auch nur ein einziges Mal darüber nachgedacht, warum ihr das wollt?

Habt ihr schon einmal in eurer geschwindigkeitsübertretenden „spirituellen" Entwicklung eine kleine Pause gemacht, um darüber nachzudenken, was „Spiritualität" für euch persönlich bedeutet?

Weil ihr nicht darüber nachdenkt, wollt ihr Spiritual-Esoteriker euren Verstand, von dem ihr glaubt, daß er euch an eurer Entwicklung hindert, negieren. Ihr wollt lernen, ihn aus euch zu verbannen, ihr wollt ihn in euch zum Schweigen bringen, ohne euch darüber klar zu sein, daß ihr damit einen durchaus für euer Sein wichtigen Aspekt in euch zum Schweigen bringen wollt.

Damit tappt ihr wiederum in eine Falle, die ihr euch im Prinzip selbst gestellt habt.

Jahrtausende habt ihr euch von einer Inkarnation zur nächsten bewegt. Ihr habt euch wie Schafe verhalten, weil ihr, weil euer Selbst in euch schlafen geschickt wurde. Blökend und meckernd habt ihr euch als Herde von der einen Ecke eures Schafstalles zur anderen schicken lassen.

Und nun - in der Zeit, wo ihr eigentlich erwachen solltet, um euer Selbst wieder aktiv werden zu lassen - verhaltet ihr euch wiederum wie eine Herde Schafe, die sich von denjenigen in eurem Schafstall herumtreiben läßt, die euch sagen, daß dies oder jenes richtig ist für euch.

Ihr wißt nicht, was für euch richtig ist. Und weil ihr selbst es nicht wißt, sucht ihr euch welche, von denen ihr denkt, sie könnten es euch sagen. Ihr findet genug Menschen, deren Ego stark genug ausgeprägt ist, daß sie euch neue Dogmen, neue Verhaltensmuster lehren. Ihr lauft von einer Initiation zur nächsten, rennt von einem Wahrsager zum anderen, lest ein Buch und dann noch eines - immer in der Hoffnung, **die** Lösung für euch zu finden.

Wenn ihr gerade keinen Leithammel für eure Schafherde gefunden habt, so sucht ihr euch eine neue Herde, von der ihr denkt, daß deren Leithammel euch in die Ebenen des ewigen Bewußt-Seins führen wird.

Irgendwann jedoch müßt ihr feststellen, daß die Ecken eures neuen Schafstalles sich nur unwesentlich von den Ecken eures alten Schafstalles unterscheiden.

Ihr fürchtet euch vor dem personifizierten Luzifer und hofft auf die Wiederkehr des personifizierten Jesus Christus, dem Erlöser, der es dem „bösen" Lichtbringer, eben Luzifer, schon zeigen wird. Ihr hofft auf die Wiederkehr der personifizierten Liebe, damit ihr selbst weiterhin eurer Alibientwicklung Vorschub leisten könnt und von euch selbst sagen könnt: Wir haben ja alles getan, um uns zu entwickeln. Wir haben meditiert, wir haben licht - und liebevolle Bücher gelesen, wir haben viele bewußtseinsbildende Seminare besucht, und wir haben der Erde und all den leidenden Menschen auf unserer Erde Liebe geschickt. Nimm uns, Herr auf in Dein Reich!

Was würdet ihr tun, wenn Jesus Christus zu euch sagen würde: Was, Kinder, habt ihr für euch selbst getan?

Die anderen unter euch, die nicht so recht an den personifizierten Christus glauben mögen, leben in der Hoffnung, von den lieben „Außerirdischen" endlich, endlich evakuiert zu werden von diesem bösen Planeten.

So haben sie ihr Hab und Gut verkauft, den Koffer bereitgestellt und haben bereits einen steifen Hals, weil sie ständig nur nach oben sehen, damit sie die Ankunft der Evakuierungstruppe nicht übersehen.

Die wenigsten unter euch haben verstanden, daß niemand der „Bruderschaft der Liebe", der weißen Bruderschaft, in die natürlichen Vorgänge eurer Evolution auf eurem Planeten eingreifen wird.

Ihr versucht Spiritualität, also euren Geist, nach den Werten und Möglichkeiten und Vorstellungen eures Verstandes zu entwikkeln.

Ihr kommt nicht einmal ansatzweise auf den Gedanken, daß eure Realität, die ihr jeden Tag mit euren fünf körperlichen Sinnen wahrnehmt, nichts anderes als Spiegelungen oder Manifestationen energetischer Vorgänge sind.

Lebt ihr in materieller Not oder Mangel, so ist dies eine Manifestation eures eigenen Bewußtseins.

Lebt ihr in Krankheit oder Schmerz, so ist dies eine Manifestation eures eigenen Bewußtseins.

Lebt ihr in Einsamkeit oder Schmerz, so ist dies eine Manifestation eurer eigenen Denk- und Fühlmuster.

So viele von euch wünschen sich nichts sehnlicher, als endlich Kontakt zu einer wie ihr sie bezeichnet „höheren" Wesenheit zu bekommen. Wird euch euer Wunsch endlich erfüllt, so seid ihr davon so begeistert, daß ihr nicht darauf achtet, was dieser „höhere" Kontakt euch vermittelt.

Ihr versucht im Prinzip nichts anderes, als euren **Verstand** spirituell zu entwickeln, und tut dies nach den Vorgaben eures Verstandes. So bewegt sich eure Entwicklung im Kreis, denn euer Verstand ist nun einmal der Aspekt eures Seins, der sich eben **nicht** spirituell entwickeln kann.

Versucht, ihr lieben Menschen, die ihr euch von unserer Geschichte nun gerade unangenehm berührt fühlt, über die Begrenzungen eures Verstandes hinaus zu blicken. Richtet euch auf in eurem Schafstall, legt eure Vorderpfoten auf die obere Latte des Zaunes, und blickt nur einmal hinaus in die Weiten der euch umgebenden Welt.

Macht euch auf die Suche nach einem Loch im Zaun, und verlaßt die Herde, ohne euch zu verabschieden, denn die anderen werden euch davon abraten, eigene Wege zu gehen. Geht hinaus und habt keine Furcht. Ihr habt euch endlich selbst befreit und werdet eine Welt vorfinden, die ihr euch in euren kühnsten Träumen nicht erwartet hättet.

Ihr werdet andere Schafe treffen, die bereits gelernt haben, aufrecht zu gehen. Sie werden euch erklären, wie man aufrecht gehen kann, ohne euch wiederum mit Verhaltensmustern vollzustopfen. Versucht das, was die anderen euch raten, und findet heraus, ob ihr auf diese Art lernen könnt, aufrecht zu gehen. Schafft ihr es noch nicht, so versucht, euch eine eigene Methode zurechtzulegen, und ihr werdet sehen, ihr werdet es können.

Hört auf damit, euch von anderen Menschen sagen zu lassen, was richtig und was falsch ist. und geht endlich, endlich euren eigenen Weg.

Richtig ist für euch immer und ohne Ausnahme das, was ihr gerade tut!

Damit eure in euch schlafende Phantasie etwas zu tun bekommt und beginnen kann, sich etwas zu räkeln und zu strecken, werden wir ihr etwas zu tun geben.

Da einige von euch nicht glauben können oder wollen, was wir euch über den EINEN erzählt haben, und sich ernsthaft mit dem Gedanken auseinandersetzen, uns der Ketzerei zu bezichtigen, da das von uns beschriebene Prinzip der Selbst-Erkenntnis des EINEN ihren persönlichen Vorstellungen und Meinungen eures Gottes widerspricht, möchten wir euch anhand eines Beispieles die Zusammenhänge eures Seins und des EINEN beschreiben.

„Wie im Kleinen, so im Großen" ist ein Ausspruch, den der eine oder andere von euch bereits kennen mag.

Euer physischer Körper besteht aus einer unendlichen Vielzahl von Körperzellen, die sich mit einigen Ausnahmen immer wieder regenerieren, indem sie absterben und somit Platz für neue Körperzellen schaffen. Körperzellen bestehen wiederum aus einer immensen Anzahl von Atomen, einem der kleinsten, euch bekannten „Materieteilchen". Betrachtet ihr euch einmal einen Atomkern

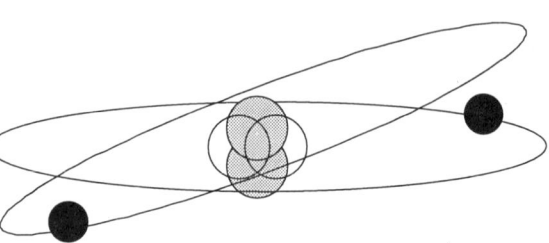

graphische Darstellung eines Atomkerns

aus der Nähe, so werdet ihr feststellen, daß um einen inneren Kern, bestehend aus Protonen und Neutronen, eine Anzahl von Elektronen kreisen. Während Protonen über eine positive elektrische Ladung verfügen und Elektronen eine negative elektrische Ladung aufweisen, sind Neutronen mit keinerlei Ladung versehen. Die Aufgabe der Neutronen in diesem Zusammenspiel zweier elektrischer Ladungen ist der Ausgleich zwischen den positiv geladenen und den negativ geladenen Teilen dieser Verbindung.

Macht ihr euch die Mühe und betrachtet einmal das Aussehen dieses energetischen Gebildes, so findet ihr einen Mittelpunkt, einen Energiekern, um den Teilchen kreisen. Die Anzahl und der Abstand der kreisenden Teilchen ist je nach Art des Atoms unterschiedlich.

Würdet ihr eurer Phantasie freien Lauf lassen, so könnte euch eure Phantasie unter Umständen bewußt machen, daß die Art und Weise, wie der Mittelpunkt eines Atoms von anderen Teilchen umkreist wird, sich kaum von dem unterscheidet, was eure Wissenschaftler durch ihre großen Teleskope in den Weiten des All-es zu sehen bekommen.

Planeten umkreisen Sonnen, so wie Elektronen den Kern des Atoms umkreisen. Atome haben die Eigenschaft, sich unter bestimmten Umständen mit anderen Atomen auf eine Art und Weise zu verbinden, wie es im Prinzip den Sternenhaufen entspricht. Im Zusammenhang mit eurem Mikrokomos sprecht ihr von Molekülen. So gibt es noch einige kleine Teilchen, die erst vor kurzem von euren Wissenschaftlern entdeckt wurden. Trachinos, Quarks und andere Teilchen, die von eurer Wissenschaft nicht erklärt, sondern lediglich zur Kenntnis genommen werden können.

Auch durch das All bewegt sich eine Vielzahl von Teilen, die keinem Planetensystem zugeordnet werden können.

Eure Wissenschaft spricht im Zusammenhang mit der Entstehung des Kosmos vom großen „Urknall", der das All-es entstehen ließ. Eurer Wissenschaft ist bekannt, daß das All „gekrümmt" ist, also nicht unendlich, sondern sehr wohl begrenzt ist. Würdet ihr von eurem Planeten ein Fluggerät geradeaus in das All fliegen lassen und würde dieses Fluggerät nicht durch Gravitationsfelder in seiner geraden Flugbahn abgelenkt werden, so würde es nach langer, langer Zeit wieder zu seinem Ursprungsort, nämlich eurem Planeten, zurückkehren.

Wird von zwei Menschen ein Kind gezeugt, so entsteht neues Leben durch die Verbindung der weiblichen Eizelle und des männlichen Samens.
Dieses neu entstandene Leben beginnt nun, sich von einer Zelle in zwei zu spalten. Jede der beiden Zellen behält ihre Ur-Information bei. Die Zelle wird lediglich kopiert, wobei ebenso das der Zelle innewohnende Bewußtsein sich selbst kopiert. Aus den beiden Zellen entstehen durch Zellteilung wiederum je zwei Zellen, insgesamt jetzt also vier Zellen, die sich wiederum teilen, so daß es jetzt bereits acht Zellen sind.
Je länger die Entwicklungsphase des Kindes, ihr nennt es in dieser Phase noch den Fötus, angedauert hat, desto öfter hat sich die Zellteilungsphase wiederholt.
Jede Zelle jedoch besteht wiederum aus Atomen, also Gebilden bei denen sich, um einen energetischen Mittelpunkt, Trabanten

bewegen. Mit jeder Zellteilung entstehen immer mehr dieser Atome, also Gebilde, um deren energetischen Mittelpunkt sich Trabanten bewegen.

Aus einer Zelle, die aus der Verbindung des weiblichen mit dem männlichen Prinzips entstanden ist, wird eine unglaubliche Vielzahl sonnensystemähnlicher Gebilde erschaffen.

Kommt dies nicht eurer Theorie des „Urknalles" nahe?

Könnt ihr euch in eurer Phantasie nur in etwa vorstellen, daß der durch Zellspaltung und das Entstehen einer unendlichen Vielzahl von Atomen entstandene Mensch das Ebenbild eures Gottes ist?

Daß ihr die Ebenbilder des EINEN seid, nicht weil ihr ihm an Struktur, an materiellem Aussehen ähnlich seid, sondern weil ihr dem Prinzip des EINEN entsprecht?

Steht es nicht in all euren alten Überlieferungen geschrieben, daß ER euch nach SEINEM Ebenbild erschuf?

Nun, wir werden eure Phantasie noch weiter strapazieren.

Wenn es denn nun so wäre, und wir sagen zum derzeitigen Zeitpunkt unserer Erzählung nicht, daß es tatsächlich so ist, daß in euch selbst, daß in jedem einzelnen Menschen ein eigener Kosmos existiert, was würde dies dann für euch bedeuten?

Stellt euch nun einmal vor, daß all die in euch vorhandenen Zellen Galaxien und die in eurem Körper vorhandenen Atome Sonnensysteme wären.

Stellt euch weiterhin vor, daß eine Vielzahl der in euch kreisenden Elektronen bewohnte Planeten wären, deren Entwicklung abhängig ist von einer Vielzahl von Einzelschicksalen.

Sprengt es eure Vorstellungskraft, daß ihr euch einmal Gedanken darüber macht, daß eine entartete Körperzelle, also eine entartete Galaxie in eurem Körper, unter Umständen den gesamten Kosmos in euch verseuchen könnte?

Was würdet ihr tun, wenn dies, was wir euch soeben erzählt haben, auch nur ansatzweise der Wahrheit entsprechen würde?

Wenn ihr, als der EINE des Kosmos in euch, als Verantwortlicher für die Entwicklung oder Stagnation allen Lebens in euch verantwortlich wärt?

Was würdet ihr tun, wenn euch bewußt werden würde, daß die Vereinigung allen Lebens in euch, also eurem Körper das ewige Leben bescheren würde?

Würde ein Mensch, ist er sich seiner Selbst bewußt geworden, wäre er sich der Existenz der unendlichen Menge bewußten Lebens in sich bewußt geworden, nicht schon aus reinem Verantwortungsgefühl bewußter und liebevoller mit sich selbst umgehen?

Wäre all dieses bewußte Leben auf Elektronen und innerhalb von Körperzellen nun von dem Bewußtseinsstand des Menschen abhängig, in dem all dieses Leben stattfindet, würde der Mensch, der in diesem Falle ja der EINE wäre, nicht weitaus bewußter mit sich selbst umgehen und sich der Sonnen- und Planetensysteme, all der unzähligen Galaxien in sich selbst mit Liebe widmen?

Würde dieser Mensch nicht zunächst damit beginnen, Einheit in sich selbst herzustellen, um all dem Leben in sich selbst Entwicklung zu ermöglichen?

Wäre es nicht sehr wahrscheinlich, daß die Vereinigung des Menschen in sich selbst dazu führt, daß er in die Lage versetzt würde, seinen Körper in reine Energie der Liebe zu transformieren, wenn alles in ihm Liebe und Licht wäre?

Was würde geschehen, wenn der sich selbst bewußte Mensch dieser Tatsache bewußt werden würde?

Was würde der sich selbst bewußte Mensch tun, könnte er eine Störung in seinem Körper feststellen?

Zunächst wird dieser Mensch versuchen, die Störung seines Körpers zu lokalisieren. Er würde damit beginnen, sich der Energie der gestörten Körperstelle zuzuwenden und sie durch erhöhte Zuwendung in ihrem natürlichen Heilungsprozeß unterstützen. Der „spirituelle" Mensch überträgt bewußt das Bewußtsein der Liebe und Zuneigung an die Stelle des Körpers, die seine menschliche Existenz in ihrer Gesamtheit beeinträchtigt.

Damit würde er bewußt an die erkrankte Körperstelle sein hohes Bewußtsein, das er als der EINE seines körpereigenen Kosmos nun einmal hätte, schicken und durch seine, in diesem Falle, göttlichen Energien zu einem spirituellen Heilungprozeß beitragen.

Der Mensch wird in der Regel **nicht** versuchen, seinen Körper an der Stelle zu öffnen, an der er die Störung vermutet, Körperzelle für Körperzelle entnehmen und versuchen, sie manuell zu reinigen. Der Mensch wird **nicht** versuchen, jedes einzelne Atom der einzelnen Zellen zu lokalisieren und jedes einzelne Atom einer gründlichen Untersuchung unterziehen und die störende Lebensform, die sich auf dem Elektron befindet, eliminieren.

Der sich selbst bewußte Mensch wüßte, daß es in seinem Körper Mechanismen gibt, die ihn in der Heilung unterstützen und die ihm bei der energetischen Reinigung von gestörten Körperfunktionen helfen, da das Prinzip des EINEN der ständige Ausgleich ist.

Für den sich selbst bewußten Menschen würde der Ausspruch „Wie im Großen so im Kleinen" eine völlig neue Definition erlangen, da er sich selbst bewußt machen könnte, daß sein innerer Mikrokosmos in unmittelbarer Verbindung zum äußeren Makrokosmos steht.

Hätte dieser Mensch alles Leben in sich selbst in Liebe vereint, so wäre er dem nächsten Schritt, sich selbst mit dem EINEN in Liebe zu vereinen, einer gewaltigen Schritt nähergekommen.

Es liegt uns fern, in der derzeitigen Phase eurer Bewußtwerdung zu unterstellen, daß der Mikrokosmos, daß die Atome, aus denen ihr und alles Materielle bestehen, im Prinzip bewohnte und unbewohnte Sternen- und Planetensysteme sind. Ihr würdet es uns schlichtweg nicht glauben.

Dennoch sollte euch diese Geschichte etwas bewußtmachen.

Was jedoch, wenn es doch so wäre? Wie würdet ihr in Zukunft euren Körper und all das, was in ihm ist, erleben?

Wie würdet ihr mit euch selbst umgehen, wenn ihr wüßtet, daß in euch eine unbeschreibliche Vielzahl von Leben existiert? Leben, das sich ebenso wie ihr selbst auf dem Wege der Selbsterkenntnis befindet.

Leben, das in sich selbst existiert, das jedoch ohne den Menschen nicht existieren kann. Leben, ohne das der Mensch, in dem all dieses Leben stattfindet, ebenso nicht mehr existieren könnte.

Wie würdet ihr mit diesem Bewußtsein, mit dieser Erkenntnis, mit dieser Information umgehen?

Würdet ihr daraus erkennen, daß eure Bewußtwerdung der Bewußtwerdung eures inneren Lebens dient?

Würdet ihr erkennen, daß die Bewußtwerdung des Lebens in euch eurer eigenen Bewußtwerdung dient?

Würdet ihr erkennen, daß das Bewußtsein des Lebens in euch dazu beiträgt, daß ihr euer eigenes Leben lebens- und liebenswerter machen könntet?

Würdet ihr nicht erkennen müssen, daß das Leben in euch euer eigenes Leben wäre?

Würdet ihr nicht erkennen müssen, daß jede Zelle, jedes Atom, jedes Leben innerhalb jeder Zelle und innerhalb jedes Atoms in euch ein Teil von euch selbst wäre?

Und müßtet ihr aufgrund all dieser Erkenntnisse nicht zwangsläufig damit beginnen, jeden einzelnen und noch so klein und winzig erscheinenden Teil von euch selbst zu lieben?

Würde euch diese Erkenntnis nicht zwangsläufig bewußt machen müssen, daß ihr selbst, als menschliches Wesen, ein winzig kleiner Teil des EINEN seid?

Jeder von euch ist Teil des EINEN.
Jeder von euch ist erfaßt durch das Bewußtsein des EINEN.
Ihr mögt es glauben oder nicht. *Fühlt* in euch, und fragt euer Herz.

Warum also fällt es euch so schwer, euch als das anzunehmen, was ihr in Wahrheit seid?

Würde es euch erstaunen, daß in den meisten Mythologien auch außerirdischer Zivilisationen folgende Aussage zu finden ist:
„Und der EINE erschuf sie nach SEINEM Ebenbild.............................."?

Noch etwas mehr „Mikrokosmos"

Was euch, ihr Kinder des Lichtes, keineswegs mehr zu schaffen macht, ist die Vorstellung, daß ihr euch bereits weit über die dritte Dimension hinaus in das Schwingungsfeld der vierten Dimension begeben habt.

Was euch keineswegs mehr zu schaffen macht, ist die Vorstellung, daß ihr euren Körper in eine Schwingung transformieren werdet, die weit über eurer jeztigen Schwingungsform liegt.

Dies sind Vorstellungen, bei denen euer Verstand keineswegs mehr rebelliert, obwohl diese Vorstellungen für einen dreidimensional gebundenen Menschen durchaus als völliger Unsinn empfunden würden.

Hätte euch vor einigen Jahren, als eure spirituelle Entwicklung noch nicht so weit fortgeschritten war, als dies eben heute der Fall ist, jemand von der Transformation erzählt und versucht, mit euch darüber zu diskutieren, was hättet ihr darüber gedacht?

Noch immer seid ihr jedoch gefangen in den Vorstellungen eures eigenen Verstandes. Dennoch steht ihr alle an der Schwelle zu dem Tor, das euch den Zugang zu kosmischem Bewußtsein, also zu kosmischen Informationsquellen öffnet.

Im Laufe der Zeit, also Schritt für Schritt werdet ihr mit Wissen konfrontiert, das ihr in der Lage sein solltet auch verarbeiten zu können.

Information ist letztendlich nichts anderes als Energie. Wenn ihr lernt, euren Geist zu öffnen, so wird euch das Maß an Energie, das euch in Kürze zur Verfügung stehen wird, keinesfalls überfordern.

Um mehr Energie als bisher verarbeiten zu können, braucht ihr einen wesentlichen Aspekt eures Seins, der bei vielen von euch noch in tiefem Schlaf liegt - ihr benötigt das Potential eurer Phantasie.

Phantasie ist im Prinzip nichts anderes als die Fähigkeit, Vorstellungen zu projizieren und als eventuelle Möglichkeit in Betracht zu ziehen, die weit über das erlebte, erfahrene und für den einzelnen wahrnehmbare Maß an Realität hinausgeht.

Die meisten unter euch haben im Laufe ihres Lebens und durch die Erfahrungen ihrer erlebten Realität einfach verlernt, ihren Phantasien freien Lauf zu lassen.

Dennoch ist oftmals das, was ihr in eurer Phantasie erlebt, nichts anderes als ein Blick in eine andere Form einer multidimensionalen Realität.

Da euer Verstand jedoch perfekt geschult wurde, nichts anderes als Realität zu akzeptieren, als das, was sich innerhalb seiner einprogrammierten Grenzen bewegt, tut ihr eure Phantasie-Träume als „Unsinn" ab.

Nachdem wir im vorherigen Kapitel unserer Erzählung eure Phantasie gerüttelt haben und viele von euch nun Furcht davor haben, etwas „falsch" zu machen und somit eine Vielzahl von Galaxien im Inneren eures Körpers zu „zerstören", werden wir unsere theoretische, jedoch unglaubliche Reise in euch selbst, respektive euer SELBST weiter fortsetzen.

Wärt ihr der EINE eures körpereigenen Kosmos, so wäre eure materielle Lebensspanne von einigen Jahrzehnten im Prinzip für euren inneren Kosmos eine unendliche Spanne von Äonen mal Äonen.

In der Zeitspanne, in der ihr einen Atemzug vollzieht, würden in euch Sonnen und Planeten geboren, würden sich mit vielfältigem Leben besiedeln und nach Ablauf eures Atemvorganges bereits wieder vergangen sein.

Eine Sekunde eures Lebens würde ausreichen, um Milliarden und Abermilliarden von individuellem Leben entstehen und wieder vergehen zu lassen. Unzählige Leben würden in einer Sekunde in euch geboren werden und ihre Inkarnation wieder verlassen.

Durch euren Zorn würdet ihr den Kosmos erbeben lassen und durch eure Liebe das Leben in euch transformieren.

Jeder eurer Gedanken, jedes eurer Gefühle würde das Leben in euch Jahrtausende und Aberjahrtausende begleiten. Eure Freude, euer Glück wäre die Liebe und die Zuneigung des EINEN, der ihr in diesem Falle selbst wärt. Eure Frustration, euer Haß wäre der Haß des EINEN, der ihr in diesem Falle selbst wärt, und würde die Entwicklung des Lebens in euch beeinflussen und unter Umständen beeinträchtigen.

Was also würdet ihr tun, wenn all dem so wäre?

Würdet ihr euch neue Meister suchen? Würdet ihr Bücher lesen, um euch transformieren zu können, wenn ihr wüßtet, daß eure Transformation von der spirituellen Weiterentwicklung des Kosmos in euch abhängig wäre?

Würdet ihr dem Bettler, der hungrig auf der Straße sitzt und euch bittend ansieht, eure Hilfe verweigern, wenn ihr wüßtet, daß eben dieser Bettler in euch selbst, auf einem Elektron, das den Namen Terra hat und um eine warme Sonne kreist, in der Vergangenheit, der Gegenwart oder der Zukunft in euch selbst sitzt und euch als Aspekt eures selbst begegnet?

Was würdet ihr tun, um all den verhungernden Kindern auf einer Vielzahl von Welten in eurem inneren Kosmos zu helfen, wenn ihr wüßtet, daß im Prinzip genug Nahrung für alles Leben vorhanden ist; wenn ihr wüßtet, daß in euch selbst gigantische Mengen von Nahrungsmitteln vernichtet würden, die andere dringend brauchen, um überleben zu können?

Würdet ihr dem Menschen, von dem ihr glaubt, er hätte euch unrecht getan, wiederum unrecht tun, wenn ihr wüßtet, daß die Verärgerung dieses Menschen in derselben Form auf euch zurückfallen könnte, da auch dieser Mensch in sich ein Elektron namens Erde hat, das um eine warme Sonne kreist, auf dem ihr selbst gerade in der Vergangenheit, der Gegenwart oder der Zukunft als was auch immer inkarniert seid?

Oder würdet ihr versuchen, das Bewußtsein dieses Menschen in euch selbst aufzufinden und das Bewußtsein dieses Menschen in euch bestrafen, wenn ihr wüßtet, daß der andere Mensch sich dieser Tatsachen ebenso bewußt ist wie ihr und ihr deshalb wiederum mit „Vergeltung" rechnen müßtet?

Oder würdet ihr es als sinnvoller erachten, diesem Menschen zu verzeihen, herauszufinden, was nun die tatsächliche Ursache der Konfrontation war und Frieden schaffen in euch selbst und somit auch mit dem Menschen, der euch scheinbar „unrecht" getan hat?

Würdet ihr, die ihr unbedingt Kontakt zu außerirdischem Leben sucht, weiterhin außerhalb von euch selbst suchen, oder würdet ihr, nachdem ihr euch all dessen bewußt geworden seid, nicht eher in euch gehen und das „Außerirdische" eben in euch selbst suchen?

Würdet ihr dann, eurem logischen Verstande gehorchend, nicht feststellen müssen, daß das Leben in eurem inneren Kosmos sich selbst schon bewußter ist als ihr selbst?

Würdet ihr diese Tatsache nicht zum Anlaß nehmen, endlich, endlich das Bewußtsein des EINEN in seiner absoluten Reinheit durch euch fließen zu lassen, damit ihr ein „guter" EINER für euer Leben in euch selbst sein könntet?

Was, ihr Menschen, würdet ihr tun, wenn euch dies alles bewußt wäre und ihr die Wahrheit empfinden könntet?

Würdet ihr euch dann endlich auf den Weg in euch selbst machen, damit die Blockaden in euch aufgelöst werden können, damit ihr endlich aufhört, das ständig durch euch fließende göttliche Bewußtsein zu blockieren und umzuprogrammieren, und somit selbst ständig Bewußtseinserweiterung für euch selbst und andere unterdrückt?

Wenn ihr es nicht für euch selbst tun wollt, wollt ihr dann nicht aus Verantwortung für die anderen handeln und endlich, endlich in euch gehen, um dort und nur dort euer gigantisches Potential zu entdecken und zu erkennen?

Wenn ihr dann bereit seid, es für die anderen zu tun und nicht für euch selbst, müßtet ihr euch dann nicht auch konsequenterweise fragen, warum ihr es euch selbst nicht wert seid?

Wäre es dann nicht an der Zeit, wenn ihr schon dabei seid, euer eigenes Gedanken- und Gefühlsmuster über euch selbst zu überprüfen?

In euch selbst, Kinder des Lichtes und der Liebe, ist alles, wonach ihr sucht.

Ihr könnt sicher sein, daß der EINE euch kennt, und ihr könnt sicher sein, daß der EINE euch liebt.

Denn der EINE ist sich dessen, was ER ist, und dessen, was IHR seid, längst bewußt.

Ein neues Dilemma?

Nun befindet ihr euch wiederum in einem Dilemma. So recht glauben könnt ihr nicht, daß in euch selbst eine wahrscheinliche Welt, ein eigener Mikrokosmos, existiert.
Dennoch verbleibt ein Zweifel in euch.
Was, wenn es doch so wäre? Schließlich sind doch wir Alciae, die Hüter des Wissens von Alcyone, der zentralen Sonne der Plejaden. Und wenn wir es schon nicht wissen, wer dann?

Habt ihr schon begonnen, darüber nachzudenken, wie ihr handeln würdet, wenn ihr der EINE eures eigenen Kosmos wärt?
Wie würdet ihr auf all das Leben in euch einwirken?
Mit welchen Mitteln und Möglichkeiten könntet ihr auf die Bewußtseinserweiterung, auf das Leben in euch, einwirken?
Wie würdet ihr eure eigene Bewußtseinserweiterung, die Erkenntnis eures Selbst, die *Selbst-Erkenntnis*, vorantreiben?

Habt ihr nicht durch all eure Aggression, eure Frustration und eure Lieblosigkeit, die ja wiederum destruktive Auswirkungen auf euren inneren Kosmos haben, unendliche Schuld auf euch geladen? Schließlich habt ihr doch durch euer unbewußtes Handeln, Denken und Fühlen Milliarden und Abermilliarden von Galaxien innerhalb von wenigen Sekunden vernichtet oder der Dunkelheit überlassen.
Müßt ihr jetzt nicht schuldig sein und für eure Schuld büßen?
Habt ihr durch euer Handeln nicht wiederum neues und wesentlich größeres Cha-ma oder, wie ihr es bezeichnet, Karma als jemals zuvor in eurer Existenz auf euch geladen?

Selbst wenn unsere Beschreibung eures inneren Kosmos der Wahrheit entsprechen würde, so wäre dies lediglich eine einzelne Facette des multidimensionalen Seins.
In der Tat würde euch euer eigener innerer Kosmos Zugang zu allem verschaffen, was ist. Ihr würdet früher oder später erken-

nen müssen, daß alles, was ihr im Außen wahrnehmen könnt, ebenso in euch selbst vorhanden und anwesend ist.
Ihr müßtet zwangsläufig erkennen, daß All-es mit All-em verbunden ist. Ihr müßtet erkennen, daß alles, was ihr einem anderen bewußten Leben an Freude oder an Leid zufügt, ihr euch selbst zufügt, denn alles, was ihr im Außen wahrnehmen könnt, ist lediglich ein Aspekt eurer eigenen Existenz.

Und ihr würdet in diesem Falle zugeben müssen, daß ihr selbst der EINE eures eigenen ALL-ES seid!

Euer Dilemma ist nun, daß viele von euch in ihrem Herzen den Inhalt unserer Erzählung nicht ablehnen können.
Dies führt nun zu einem weiteren Konflikt mit euch selbst. So lebt ihr einerseits in den Zwängen eurer Dreidimensionalität, seid unzufrieden, voller Zweifel und fühlt doch in euch das Drängen nach dem anderen, dem euch Unbekannten, von dem ihr wißt, daß euer Weg dorthin führen wird.
Ihr wißt, daß das, wohin ihr euch auf den Weg gemacht habt, völlig anders sein wird als das, was ihr bisher kanntet. Was dort jedoch so anders sein wird, ist den meisten von euch noch völlig verborgen.
So lebt ihr weiter tagein und tagaus und versucht, euch Situationen zu konstruieren, die sich einerseits von eurer Normalität unterscheiden sollen, sich jedoch andererseits immer noch an den Gegebenheiten eurer Zivilisation ausrichten.

Diese Zivilisation jedoch wird in absehbarer Zeit für euch nur noch Erinnerung sein.

Verzweifelt nicht, ihr Kinder des Lichtes, ihr werdet geliebt.

Was eigentlich ist Bewußtsein?

Ihr hört während dieser Qualität der Zeit immer wieder von vielen Seiten, daß ihr euer Bewußtsein verändern sollt.
Immer wieder wird euch gesagt, ihr solltet euer Bewußtsein erweitern, ihr sollt eine neue Form des Selbst-Bewußtseins entwickeln, ihr sollt euch eures Bewußtseins bewußt werden.

Seid ihr handwerklich begabt und wollt ihr ein defektes Gerät reparieren, so könnt ihr das nur dann tun, wenn ihr wißt, wie dieses defekte Gerät funktioniert hat, bevor es funktionsunfähig wurde.
Wie jedoch wollt ihr bewußt euer Bewußtsein verändern, wenn ihr nicht einmal ansatzweise verstehen könnt, was Bewußtsein überhaupt ist?
Im Prinzip geht es in der Geschichte, die wir euch gerade erzählen, ohnehin ausschließlich darum, daß ihr in die Lage versetzt werdet, Bewußtsein besser zu verstehen, als es eben jetzt gerade der Fall ist.

Da eure Sprache eine Vielzahl von Stolperstellen verursacht, müssen wir einige Umwege gehen, um den Begriff „Bewußtsein" definieren zu können.
Teilen wir das Wort „**Bewußtsein**" in zwei Teile, so ergeben sich daraus zwei Worte, nämlich das Wort „**bewußt**" und das Wort „**sein**". Jedes dieser Worte definiert einen einzelnen Begriff. So könnt ihr irgendeine Tätigkeit bewußt tun oder sie unbewußt erledigen. Tut ihr etwas bewußt, so geht ihr in eurem Sprachgebrauch davon aus, daß ihr auf eure Tätigkeit konzentriert seid und ihr jeden Handgriff nicht automatisch, sondern eben bewußt tut.
Im Prinzip entscheidet jeder von euch selbst ob ihr etwas bewußt, also auf die Tätigkeit konzentriert tut oder ob ihr eine Tätigkeit unbewußt, also automatisch aus reiner Gewohnheit oder Routine erledigt.

Erledigt ihr eine Aufgabe mit automatischen Mechanismen, also ohne euch darauf konzentrieren zu müssen, so tut ihr dies im Prinzip „bewußt-los".

Bewußtlosigkeit definiert ihr in eurer Sprache jedoch wiederum damit, daß ihr eben euer Bewußtsein „verloren" habt, also z.B. in Ohnmacht fallt. Da diese Definition für einen späteren *Zeit-Punkt* von wesentlicher Bedeutung ist, möchten wir Tätigkeiten, die ihr automatisch „erledigt", also ohne euer Bewußtsein darauf zu konzentrieren, als „mechanische" Tätigkeiten definieren.

Nun zu dem Begriff „**sein**". Das „**Sein**" definiert im Prinzip eure Existenz, also euer „Sein".

„*Bewußt-sein*" bedeutet im Prinzip also nichts anderes, als daß ihr *bewußt seid*, also bewußt existiert.

In eurem Sprachgebrauch definiert ihr jedoch Bewußtsein als etwas Ähnliches wie einen „Gegenstand", den ihr zwar irgendwo habt, dessen Existenz euch jedoch irgendwie suspekt ist.

So wie ihr davon ausgeht, daß ihr irgendwo eine Seele „habt", so „habt" ihr auch irgendwo Bewußtsein.

Da ihr nun aufgrund verschiedener Vorgänge zu der Meinung gelangt seid, daß es wichtig und richtig ist, in dieser Zeit euer Bewußtsein zu erweitern, so wollt ihr also etwas erweitern, von dem ihr zwar glaubt zu wissen, daß ihr es „irgendwo" haben müßtet, schließlich haben die anderen das auch, dennoch wißt ihr nicht so recht, was ihr eigentlich erweitern wollt.

Wolltet ihr also das defekte Gerät reparieren, von dem wir zu Anfang gesprochen haben, so würdet ihr das Gerät einfach in der Hoffnung öffnen, daß ihr schon herausbekommen werdet, wie dieses „blöde Ding" einmal funktioniert hat. So schwer kann das schon nicht sein.

Glaubt ihr nicht, daß es an der Zeit wäre, daß ihr für euch selbst einmal zu verstehen versucht, was „Bewußtsein" tatsächlich in letzter Konsequenz bedeutet, bevor ihr daran geht, „es" zu erweitern?

Solltet ihr nicht zunächst euer „ABC" lernen, bevor ihr beginnt, einen Brief zu schreiben?

Bevor ihr die Schrauben des defekten Gerätes öffnet, solltet ihr euch zumindest versichern, ob es sich um einen Toaster handelt oder um etwas, daß euch „um die Ohren" fliegen kann.

Findet ihr nicht?

Wer ihr seid

Ihr habt das Problem, daß ihr nicht wißt, wer ihr seid und was ihr seid.
Unter den Voraussetzungen, in und mit denen ihr lebt, werdet ihr das, was und wer ihr seid, auch niemals begreifen können.
Ihr habt euren Geist in einem menschlichen Körper inkarniert. Damit seid ihr, bei allem, was ihr denkt und was ihr fühlt, mit der Dreidimensionalität eures Körpers konfrontiert.
Im Prinzip ist euer Körper nichts anderes als ein Behältnis, in dem euer Geist während des gesamten Verlaufes eurer jetzigen Inkarnation gefangen ist. Euer Körper ist nichts anderes als eine Art Fahrzeug, mit dem ihr euch durch die Klippen und Untiefen der Dreidimensionalität bewegen könnt.
Solange ihr versucht, euer tatsächliches Sein, eure wahre Existenz durch die Begrenztheit eurer Körperlichkeit zu begreifen, müßt ihr immer wieder scheitern.

Um zumindest ansatzweise verstehen zu können, wer und was ihr seid, müßtet ihr euch als Beispiel für kurze Zeit vorstellen, daß ihr mehrfache Milliardäre seid.
Es gibt für euch im Prinzip nichts, was ihr euch nicht kaufen könnt. Es gibt für euch nichts, das ihr nicht fähig wärt zu erreichen. Für alles, was ihr selbst aufgrund eures Wissens nicht zu tun in der Lage seid, könnt ihr euch jederzeit Spezialisten anfordern. Wenn euch danach ist, Reisen zu unternehmen, so reist ihr, wohin ihr wollt. Ist euch danach, euch von was auch immer zu erholen, so erholt ihr euch. Habt ihr das Bedürfnis, euch eine marode Firma zu kaufen und sie zu einem florierenden Unternehmen umzufunktionieren, so tut ihr es einfach.

Nun erhaltet ihr ein Angebot, dessen einzige Entlohnung die Weiterentwicklung eures Selbst ist. Dafür müßt ihr euch in die Identität eines Bettlers begeben, und eure Aufgabe besteht zunächst darin, das Bettlerdasein hinter euch zu lassen und euer Leben in eine andere Existenzform, beispielsweise in die eines

Lagerarbeiters, zu verwandeln. Damit ihr jedoch weniger Probleme mit eurem Bettlerdasein habt, wird für die Dauer eurer Aufgabe die Erinnerung an eure Existenz als Milliardär gelöscht.

Durchaus ähnlich verhält es sich mit eurem tatsächlichen Sein. Zwar wart ihr nicht unbedingt Milliardäre, denn materieller Besitz hat dort, wo ihr tatsächlich herkommt, kaum oder gar keine Bedeutung, dennoch ist unser Beispiel durchaus nicht zu weit hergeholt.
Eure tatsächliche Existenz entspricht durchaus dem Vergleich eines Milliardärs mit einem Bettler.
Dort, wo ihr wieder das seid, was ihr ursprünglich einmal wart, nämlich Wesenheiten höherer Dimensionsbereiche, wart ihr durchaus fähig, allein durch die Kraft und Macht eures Geistes teils allein, teils in Verbindung mit anderen Wesenheiten, Schöpfungsakte in großem Umfang zu vollziehen.
Dann habt ihr euch jedoch freiwillig dazu entschlossen, eure tatsächliche Existenz für einige Zeit hinter euch zu lassen und euren Geist in die Käfige dreidimensionaler Körper zu sperren und dorthin zu gehen, wo ihr jetzt nun einmal seid.

Es war, Kinder des Lichtes und der Liebe, euer freier Wille und Entschluß, euch in euren Körpern auf eurem Planeten zu inkarnieren und dort, wo ihr nun einmal seid, durch eure Anwesenheit Veränderungen zu schaffen.

Nun steckt ihr festgebunden in euren Körpern, könnt euch an nichts mehr erinnern und fragt euch während des Lesens dieser Zeilen, ob ihr denn nun tatsächlich Angehörige der Lichtfamilie seid.
Ihr wißt nicht mehr, wer ihr seid, und was ihr seid und eure Verzweiflung über die Qualität eures Lebens läßt die Weiten des Universums erschallen.

Ihr würdet so gern ein Kind des Lichtes sein, doch müßte sich dann nicht euer Leben anders entwickelt haben?

Müßtet ihr euch nicht in Lebensumständen befinden, die es euch ermöglichen würden, eure Aufgaben als Mitglieder der Licht-familie zu erfüllen?

Wie jedoch, so fragen wir euch, hättet ihr euch entwickelt als Menschen, die in materiellem Reichtum geboren worden wären? Könnt ihr, wenn ihr absolut ehrlich zu euch seid, behaupten, ihr würdet euch mit dem beschäftigen und auseinandersetzen, mit dem ihr euch eben jetzt gerade beschäftigt, wenn ihr nicht das Leben geführt hättet, das ihr eben geführt habt?

Was treibt euch dazu an, euch durch jedes Problem von neuem hindurchzuwursteln, wenn nicht die dünne Schnur der Erinne-rung?

Könntet ihr glauben, daß ihr, die Kleinen und Machtlosen eures Planeten, in Wahrheit die Mächtigen und Großen seid, so wäre es euch möglich, euer Leben und die damit verbundenen Um-stände innerhalb kürzester Zeit grundlegend zu verändern.

Wo aber ist der Beweis dafür?

Wer kann euch endlich definitiv klarmachen und beweisen, daß ihr die Kinder des Lichtes seid?

Ihr würdet es ja im Prinzip so gerne glauben, doch was, wenn ihr euch irrt?

„Euch geschehe nach eurem Glauben", hat ein weiser Mann vor etwa zweitausend Jahren auf eurem Planeten gesagt. Worte, die noch heute ihre Gültigkeit haben.

Seht euch euer Leben an. Seht euch die Umstände an, in und mit denen ihr lebt.

Die Umstände eures Lebens, ihr mögt es glauben oder nicht, sind ein Spiegel dessen, was ihr in euch selbst über euch selbst denkt und fühlt.

Ihr sprecht von Armuts-, Krankheits- oder sonstigen Bewußt-seinszuständen.

Ihr möchtet sie ersetzen durch Gesundheits- und Wohlstands- und sonstige Bewußtseinszustände.

Habt ihr euch schon einmal gefragt, was der Zustand des Armutsbewußtseins ist? Habt ihr schon einmal versucht, für euch selbst herauszufinden, was ein Bewußtseinszustand ist?

Die Mühe habt ihr euch nie gemacht.
Ihr habt euch niemals für euch selbst die Mühe gemacht herauszufinden, was hinter eurer Existenz tatsächlich steckt.

Bevor ihr euch selbst die Mühe macht herauszufinden, was mit euch los ist, wartet ihr darauf, daß irgendwer sich findet, der es euch erklärt.
Ihr wartet auf irgendwelche Wesenheiten, von denen ihr hofft, daß ihr ihnen vertrauen könnt, und wartet darauf, daß die für euch die Kohlen aus dem Feuer holen, damit ihr weiterhin träge auf euren bequemen Sesseln sitzen bleiben könnt.
Ihr verhaltet euch wie die geistigen Milliardäre, die ihr im Prinzip seid und habt verdrängt, daß ihr das Gewand des Bettlers tragt.
Ihr habt verlernt, euch selbst zu vertrauen. Ihr habt verlernt, *Selbst-bewußt* zu *sein*. Ihr wartet auf den personifizierten EINEN, der euch endlich aus eurer grausamen Welt erlösen möge.

Wacht auf, Kinder des Lichtes, ihr werdet gebraucht.

Noch einmal: Was eigentlich ist Bewußtsein?

Bewußtsein ist nichts anderes als eine modifizierte Form eines Informationszustandes.
Könnt ihr damit etwas anfangen?
Nun gut, noch einmal: Bewußtsein ist die Summe einzelner Bewußtseinszustände.
Nun wird es schon etwas besser.
Wir haben euch bereits einmal eine Formel übermittelt:

Bewußtsein = Information = Energie
Energie = Bewußtsein = Information
Information = Bewußtsein = Energie

Wie ihr es auch dreht und wendet, jeder dieser drei Begriffe hat die gleich Wertigkeit und die absolut gleiche Bedeutung..
Es ist also absolut ohne Bedeutung, ob ihr nun den Begriff „Bewußtsein", den Begriff „Energie" oder den Begriff „Information" bevorzugt. Jeder dieser drei Begriffe hat im Prinzip die gleiche Bedeutung.
Im Prinzip könntet ihr auch ebenso den Begriff „Licht" anstelle von Information, Energie oder Bewußtsein verwenden. Dieser Begriff wurde jedoch in der Vergangenheit zu oft mißbraucht, und deshalb möchten wir an dieser Stelle den Begriff „Licht" in diese mathematische Formel noch nicht mit einbauen.

Damit ihr für euch eine neue Definition der einzelnen drei Begriffe bekommen könnt, müßt ihr euch darüber bewußt werden, daß ihr im Prinzip Wesenheiten aus reiner Energie seid.
Solange ihr auf euer körperliches Dasein fixiert seid, wird euch dies entsprechend schwerfallen.

Bewußtsein, Energie und Information sind also drei Begriffe, die ein und dasselbe beschreiben.
Da tatsächlich nichts existiert, existiert hat oder jemals existieren wird als das Bewußtsein des EINEN, muß also auch alles,

was ihr in eurer körperlichen Existenz wahrnehmen könnt, das Bewußtsein des EINEN sein.

Bewußtsein ist also, in die Zweidimensionalität eurer Sprache übersetzt, nichts anderes als eine Form eines Informationszustandes!

Eure körperliches Existenz ist, und auch dies zu glauben mag euch wiederum schwerfallen, nichts anderes als die Verknüpfung einer immensen Anzahl von Informationszuständen.
Wie aber, so fragt ihr euch nun, könnt ihr, die ihr euren Körper sehen und auch fühlen könnt, Information sein?

Es gibt auf eurem Planeten seit relativ kurzer Zeit ein durchaus interessantes Spielzeug. Ihr bezeichnet es als virtuelle Realität. Um diese Scheinwelt erleben zu können, müßt ihr euch eine Spezialbrille aufsetzen, durch die ihr von eurer normalen körperlichen Wahrnehmung abgeschnitten werdet, und über ein Computerprogramm wird euren Augen und Ohren eine scheinbar vorhandene Welt vorgegaukelt.

Eure dreidimensionale Welt ist im Prinzip nichts anderes als eine scheinbare Welt, die ihr durch spezielle Wahrnehmungsorgane erleben könnt.
Der Unterschied zu eurer erlebten Realität ist, daß eure Wahrnehmung ausschließlich darauf ausgerichtet ist, dreidimensionale Schwingungszustände oder Realitäten aufnehmen zu können.

Der Wille des EINEN ist es, sich selbst und alle mit sich selbst möglichen Wahrscheinlichkeiten und Möglichkeiten zu *erfahren*.
Um sich dies selbst zu ermöglichen, schuf der EINE eine Vielzahl von eigenständigen Bewußtseinszuständen, also eigenständig existierenden Lebensformen, die im Prinzip auch wiederum einzig und allein das Ziel haben, sich selbst zu erfahren.

Um nicht jede wahrscheinliche Möglichkeit selbst linear, also eine Erfahrung auf der anderen aufbauend machen zu müssen, schufen diese Lebensformen, die oftmals als die Schöpfergötter bezeichnet werden, wiederum Lebensformen, die individuell für sich selbst Erfahrungen linear, also eine Erfahrung nach der anderen machen.

Diese Lebensformen wiederum erschufen wieder andere, und wieder und wieder.

So wurden immer mehr Lebensformen geschaffen, die im Prinzip immer den Erschaffern untergeordnet waren.

Diese Unterordnung geschah niemals bewußt oder gewollt, es ist einfach das Prinzip der Schöpfung, daß erschaffenes Leben dem Erschaffer untergeordnet ist.

Diese Unterordnung findet lediglich und allein dadurch statt, daß das erschaffene Leben von einem Teil der Informationen abgeschnitten ist, die dem Erschaffer zugänglich sind.

Ziel des erschaffenen Lebens wiederum ist es, sich dem Bewußtseinsstand des Erschaffers durch geistige Entwicklung wieder anzunähern und somit sich mit dem Erschaffer wieder zu vereinen.

Leben, gleich-gültig auf welcher Entwicklungsstufe und in welcher Existenzform es sich gerade befindet, hat immer das Ziel, sich weiterzuentwickeln, sich dem Bewußtseinsstand des Erschaffers aus eigener Kraft heraus wieder anzunähern.

Leben ist Entwicklung !

All-es hat sich aus dem EINEN entwickelt, und All-es wird dorthin zurückkehren.

Schlimmer noch für euren Verstand, der krampfhaft versucht, unsere Worte zu verstehen - im Prinzip ist alles Leben nur eine Illusion, die sich innerhalb des Bewußtseins des EINEN abspielt.

Obwohl ihr jeden Tag euren Überlebenskampf führen müßt, obwohl ihr in Zeiten der Not den EINEN anfleht, euch zu helfen, von dem ihr denkt, daß er so unendlich weit weg ist, besteht ihr aus SEINEM Bewußtsein.

Ihr seid im Prinzip ER, denn ihr habt euch niemals von IHM entfernt.

Ihr seid in IHM, ihr seid ein Teil, ein Aspekt von IHM.

Wo also wollt ihr nach IHM suchen, wenn nicht in eurem eigenen Bewußtsein, das im Prinzip SEIN Bewußtsein ist?

Bewußtsein ist also im Prinzip nichts anderes als ein modifizierter oder spezieller Zustand von Information, also Wissen.

Da nichts existiert als das Bewußtsein des EINEN, im Bewußtsein des EINEN jedoch alles an Information vorhanden ist, was jemals existiert hat, existiert oder existieren wird, muß zwangsläufig alles, was existiert, Zugang zu allen Informationen haben, die im Bewußtsein des EINEN vorhanden sind.

Wäre dies tatsächlich so, wäre jede dreidimensional existierende Existenzform in der Lage, Schöpfungsakte zu vollziehen, die mehrdimensionales Verständnis zur Voraussetzung haben.

Somit wäre eine dreidimensional existierende Wesenheit, die ihr in eurem Verständnis als „böse" einstufen würdet, fähig, ein Universum zu kreieren, das ihrer beschränkten Vorstellungen entspricht.

Da die Erschaffung eines Universums jedoch mindestens zwölfdimensionale Erkenntnis voraussetzt, kann sich jeder denkende Mensch vorstellen, welches Chaos in diesem erschaffenen Universum herrschen würde. Somit könnte das Prinzip des EINEN zur Erschaffung von mehrdimensionalen Vorgängen mißbraucht werden, und die Ordnung, der Kosmos des EINEN, würde dem Chaos zum Opfer fallen.

Somit wurden Informationszugänge geschaffen, die den jeweiligen Existenzformen einer Dimension zugeordnet sind.

Somit sind wir wiederum zu den Sonnen gelangt, die in ihrer mehrdimensionalen Existenz wie Informationsfilter wirken. Einerseits lassen sie zwar jegliche Information „nach oben" durch, blockieren andererseits jedoch Informationen, die aufgrund ihrer Inhalte „dort unten" nichts zu suchen haben.

Macht euch frei von der Vorstellung, daß eure *körperliche* Existenz **all-es** ist. Eure Existenz ist eine Illusion, so furchtbar euch der Gedanke auch erscheinen möge.
Außerhalb eurer Welt dreht sich alles um das EINE.
Um Information und somit um „bewußt - Sein".

„Bewußt - Sein" und Geist

Euer Geist beherrscht die Materie.
Im Laufe eures Lebens habt ihr immer wieder die Erfahrung gemacht, daß mit eurem Geist irgendetwas wohl nicht stimmen kann, weil es mit der Materie nicht so recht klappt.

Macht euch bewußt, daß euer Geist während eurer Inkarnation unmittelbar mit eurem Körper verbunden ist.
Geht ihr in die Meditation, so ist es euch durchaus möglich, eure Körperlichkeit mit eurem Geist zu verbinden und die Welt des Geistes zu erforschen. Oftmals jedoch haben einige in der Meditation die Erfahrung gemacht, daß es euch möglich ist, in Tiefen eures Geistes vorzudringen, in denen ihr Furcht verspürt.
Wenn ihr euch, also eurer Existenz bewußt geworden seid und ihr somit die Basis geschaffen habt, euer bewußt- Sein zu erweitern, so benötigt ihr, um dies tun zu können, Information.
Da euch der Vorgang eurer Bewußtwerdung noch nicht bewußt ist, ihr ihn also unbewußt erlebt, versucht ihr, indem ihr Seminare besucht, eine Unmenge von Büchern lest oder versucht euch Zugang zu „höheren" Quellen zu verschaffen, Verstandeswissen „in euch hineinzuzwingen", das im Prinzip lediglich eine Art „Alibifunktion" für euch erfüllt.
Ihr sucht nach etwas, von dem ihr noch nicht genau wißt, was es ist.

Nun, inzwischen müßtet ihr verstanden haben, daß ihr nach Information oder Bewußtsein sucht, das ihr als „höher" als euer eigenes einstuft.
Somit seid ihr im Prinzip nun in der Lage gezielt, und somit wiederum bewußt zu suchen.
Wenn ihr also euer Bewußt-sein erweitern wollt, so erweitert ihr im Prinzip lediglich euren Zugang zu Informationen.

Lange Zeit waren euch die unzähligen Kanäle zur Bewußtseinserweiterung verschlossen oder nur schwer zugänglich.

Nun wiederum erlebt ihr eine Zeit, in der euch so viele Kanäle mit Information versorgen, daß ihr schon nicht mehr wißt, was „richtig" und was „falsch" ist.
Die Vielzahl von Informationen verwirrt euch, sie macht euch unsicher.
Teilweise erzeugt sie in euch Angst, denn einerseits wißt ihr, daß ihr auf euren evolutionären Sprung zusteuert, und andererseits wißt ihr nicht genau, was ihr tun könnt, um ja dabei zu sein.
So habt ihr damit begonnen, euren Lichtkörper zu trainieren, ihr habt begonnen, eure Chakren zu öffnen, ob die nun wollen oder nicht, ihr arbeitet mit Energien, von denen viele nicht einmal annähernd wissen, was ihr damit anrichtet.

Eines jedoch habt ihr völlig übersehen, da ihr derartig von all den neuen und phantastischen Möglichkeiten euphorisiert wart: euch mit euch (eurem) Selbst zu beschäftigen.

Ihr haltet es für völlig normal, daß euer Planet neu geboren wird.
Irgendwie könnt ihr auch nachvollziehen, daß der Geburtsprozeß damit verbunden sein könnte, daß euer Planet die Wehen der eigenen Geburt durch einige Naturkatastrophen begleiten könnte.
Ihr haltet es für völlig normal, daß euer Planet sich selbst reinigt und gereinigt in die fünfte Dimension „entschwindet".
All das haltet ihr für völlig normal und im Moment für euch nicht einmal besonders erwähnenswert.

Was jedoch ist mit euch selbst?

Was ist mit eurem eigenen Reinigungsprozeß?
Was ist mit all dem, das ihr noch an alten Überzeugungen, Meinungen und Wertigkeiten in euch tragt?
Was ist mit eurer Wertigkeit für euch selbst?
Was ist mit eurer Liebe für euch selbst?

Glaubt ihr allen Ernstes, daß der Prozeß eurer eigenen Reinigung so lange warten kann, bis die Erde, husch, husch, in die fünfte Dimension entschwindet?

Wartet ihr darauf, daß all die Fähigkeiten, die ihr in euch tragt und deren Schlüssel die Liebe zu euch selbst und somit zu Allem, was existiert, ist, schwupp, einfach da ist?

Wäre es nicht an der Zeit, daß ihr, ein jeder für sich selbst, Mittel und Wege findet, die Liebe in euch selbst zu erkennen und auch zu leben?

Seht in den Spiegel, ihr Kinder des Lichtes und der Liebe.
Blickt euch nicht ein wunderbares, einzigartiges und liebenswertes Wesen von dort an?

Alles ist Bewußtsein

Es ist für euch von wesentlicher Bedeutung, daß ihr euch darüber klar werdet, wer und was ihr seid und was in diesem Abschnitt der Zeit mit und in euch geschieht.
Damit es euch möglich wird, all die Vorgänge zu verstehen, die vielen von euch im Prinzip mehr oder weniger zu schaffen machen, wäre es vorteilhaft für euch, wenn ihr ein neues Verständnis für den Begriff „Bewußt-Sein" entwickelt.
So gibt es in eurer Welt eine Vielzahl von Stolperfallen, die euch immer wieder dazu verhelfen, daß ihr euch aus eurem begrenzten Zustand nicht oder nur sehr schwer zu lösen vermögt.

Der Begriff „Bewußtsein" beschreibt im Prinzip einen Zustand göttlicher Energie, also der Energie des EINEN.
Diese Energie beinhaltet immer und ohne Ausnahme **alle** Informationen, die dem EINEN selbst zugänglich sind, also All-es, was existiert hat, existiert und existieren wird.
Zudem ist diese Energie des EINEN in ihrer Wertigkeit **absolut** neutral, das bedeutet, daß für jeden Informationsinhalt der gegenteilige Informationsinhalt im gleichen Maße vorhanden ist.

Es wäre ein Irrtum anzunehmen, daß die Polarität, unter der so viele von euch zu „leiden" haben, mit dem Wechsel in eine höhere Dimension aufgehoben sein wird !

Polarität hat in höheren Schwingungsebenen lediglich eine andere Wertigkeit und somit eine völlig andere Bedeutung, als dies eben in euer jetzigen Schwingungsform ist.

Bewußtsein ist Energie, und Energie unterliegt oftmals einer gewissen Schwingung.
Das Bewußtsein des EINEN und somit die Energie des EINEN unterliegt **immer** einer Schwingung.

Das Bewußtsein des EINEN ist multidimensional, also nicht an eine bestimmte Schwingungsform gebunden, sondern das Bewußtsein des EINEN beinhaltet **alle** Schwingungen, die jemals existiert haben, existieren oder existieren werden.

Die Existenz in eurer oder anderen Schwingungsebenen, also Dimensionen, basiert lediglich auf der Möglichkeit der Wahrnehmung und Gestaltung bestimmter Schwingungen oder, um es für euer Verständnis vereinfacht auszudrücken, Frequenzen.

Eure Augen sind Wahrnehmungsorgane der Dreidimensionalität. Eure Augen nehmen die Schwingungen bestimmter Energien wahr und wandeln diese in dreidimensionale Bilder um.
Euer Gehirn ist dazu bestimmt, die Umsetzung dieser Wahrnehmungen in etwas umzuwandeln, was ihr dann als Realität definiert.

Was ihr jedoch wahrnehmt, sind lediglich Energien, die in einer bestimmten Frequenz schwingen !

Nehmen eure Augen also einen Berg wahr, so seht ihr lediglich eine energetische Projektion eines Berges. Im Prinzip besteht dieser Berg lediglich aus der Information einer Erdverwerfung.
Ihr könnt den Berg nicht hören und nicht riechen. Ihr seid fähig, den Berg mit euren Händen zu erfühlen und mit euren Augen zu sehen.
Aufgrund der euch auf diese Weise vermittelten Information könnt ihr nun den Berg besteigen.
Im Prinzip besteigt ihr den Berg jedoch nicht, sondern ihr projiziert lediglich in euch selbst einen Zustand, als ob ihr einen Berg besteigen würdet.
Euer Körper besteigt tatsächlich den Berg, euer Geist jedoch ist es, der euch diese Illusion vermittelt.
Wäre euch dies bewußt, so wärt ihr fähig und in der Lage, durch den Berg hindurchzugehen oder euch auf seine Spitze zu tele-

portieren, da alles in eurer Welt tatsächlich nur auf dem Zusammenwirken von Energien, also von Information, beruht!

Bringt das euer bisheriges Weltbild nun wenigsten ein kleines bißchen durcheinander?

Alle eure Wahrnehmungsorgane sind auf ein bestimmtes und ziemlich genau festgelegtes Frequenzband „geeicht". Ihr könnt, solange ihr schlaft, diese eure Realität in keinster Weise bewußt beeinflussen, da eure tatsächliche Wahrnehmung einfach ausgeschaltet ist.
Das, was ihr als Realität empfindet und was euch so zu schaffen macht, ist nichts anderes als ein gigantisches und multidimensionales Energie- oder Informationsfeld, dessen Aufgabe es ist, war und weiterhin sein wird, euch die Erfahrungen zu bescheren, die ihr für eure weitere Entwicklung so dringend benötigt.

Mit eurer schlafenden Wahrnehmung, die sich im Prinzip auf eure fünf dreidimensionalen Sinne beschränkt, seid ihr nicht fähig und in der Lage, eure Energien und damit euer Bewußtsein tatsächlich zu verändern.

Die Energiewirbel in euch, die ihr als Haupt- und Nebenchakras bezeichnet, dienen eurer erweiterten Wahrnehmung.
So könnt ihr durchaus ohne große Anstrengung mit euren Handflächen Energien erfühlen. Ihr könnt mit euren Fußsohlen Energien „nach unten", in diesem Falle in das Energiefeld eurer Mutter Erde, übertragen oder von dort empfangen, ihr könnt durch das Sonnengeflecht oder mit eurem Herzen Schwingungen wahrnehmen oder übertragen, durch das „dritte Auge" wärt ihr fähig, Energien zu sehen, die ihr euch heute nicht einmal vorstellen könnt, durch euren Kehlkopf könntet ihr Worte hören, die euer Gegenüber nur denkt, und durch die oberste Spitze eures Kopfes, könntet ihr kosmisches Wissen in euch aufnehmen.

Doch all das bleibt euch verborgen, Kinder des Lichtes, denn woher sollt ihr das Wissen erlangen, **wie** ihr all dies tun könnt?

Bewußtseinsfilter

Das Bewußtsein des EINEN schwingt in einer bestimmten Frequenz, der „Grundfrequenz".

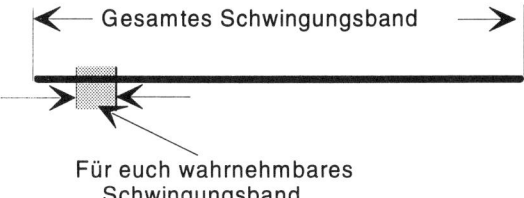

In dieser Grundfrequenz sind ohne Ausnahme **alle** Frequenzen oder Schwingungen enthalten, die jemals existiert haben, existieren oder existieren werden.

Im Prinzip ist jeder Dimension ein gewisses Schwingungs- oder Frequenzband zugeordnet, über welches das in der betreffenden Dimension existierende Leben nicht „hinausblicken" kann.
Nachdem sich euer Planet und somit ihr jedoch immer mehr an die Schwingungsebenen der fünften Dimension annähert, werdet ihr mit Zunahme dieser Zeitqualität immer mehr in die Lage versetzt, zusätzlich zur Wahrnehmung des Schwingungsbandes der dritten Dimension mehr und mehr das Schwingungsband der fünften Dimension wahrnehmen zu können.
Oftmals haben viele von euch schon das Gefühl, irgendeine Bewegung aus den Augenwinkeln „sehen" zu können. Seht ihr jedoch hin, so ist dort nichts.
Wenn ihr mit euren Gedanken abwesend seid und in die Ferne seht, so habt ihr oftmals das Gefühl etwas anderes sehen zu können, als dort tatsächlich vorhanden zu sein scheint.

Ihr habt das _Gefühl_, etwas sehen zu können !

In dem Maße, wie ihr euch selbst für die höheren Energien öffnet, die bereits seit einiger Zeit zu eurem Planeten strahlen, werdet ihr euch weiterentwickeln.
Eure fünfdimensionalen Wahrnehmungsorgane beginnen sich auszubilden, und ihr werdet immer öfter andere Wahrnehmungen haben, als dies bisher der Fall war.

Denjenigen unter euch, die krampfhaft versuchen, sich so schnell als irgend möglich „spirituell" zu entwickeln, und glauben, unbedingt die Energien ihrer Chakras öffnen zu müssen, oder die der Meinung sind, sie müßten ihren Lichtkörper trainieren, ohne im Detail zu wissen, was der „Lichtkörper" nun tatsächlich ist sei gesagt, es wäre an der Zeit, das immense Potential an Angst, das sie in sich tragen, bereits jetzt in das Gegenteil der Angst, nämlich das *Vertrauen*, zu transformieren.

Wenn ihr euch nun betroffen fühlt, so sei euch gesagt, es war nicht unsere Absicht, euch zu beleidigen oder euch zu verletzen. Ihr versucht lediglich,, aus der Angst, den Weg in die fünfte Dimension nicht zu finden, Techniken zu lernen, die euch über euer eigenes Potential hinaus helfen sollen, euch selbst zu transformieren.
Geht *in* euch hinein, und versucht, für euch selbst herauszufinden, warum und wovor ihr Angst habt.
Ihr werdet feststellen, daß ihr versäumt habt, den Schlüssel zur Transformation *in* euch zu finden - die Liebe zu allem, was ist.

Viele von euch fühlen sich ständig übermüdet und zerschlagen, lustlos und unmotiviert. Dies alles sind Anzeichen dafür, daß eure Zellenstruktur beginnt, sich zu wandeln. Eure Zellen haben, ohne euch vorher zu fragen, damit begonnen, sich mit Licht zu füllen.
Euer Körper, der sich für euch unbewußt dagegen wehrt, sorgt für energetische Disharmonien in sich selbst und trägt so dazu bei, daß es euch eben so ergeht, wie es euch ergeht.

Allein die von euch selbst bewußt getroffene Entscheidung, euch dem Wandel eures Seins zu „unterwerfen", dem Wandel in euch selbst und somit auch dem Wandel in der Illusion eurer äußeren Welt, wird diesen Prozeß der Zellumwandlung für euch um ein gutes Stück leichter werden lassen.

Immer wieder fragt ihr euch selbst, ob ihr denn nun Mitglieder der Lichtfamilie seid oder ob ihr nun einer Täuschung unterliegt. Im Prinzip wärt ihr gerne Kinder des Lichtes und der Liebe, und „irgendetwas" fühlt ihr auch in euch. Dennoch, wo ist der Beweis?

Nun liebe Freunde, den letztendlichen Beweis werdet ihr bestenfalls in euch selbst finden.

Selbst wenn es sich so verhalten würde, daß ihr bisher nicht der Lichtfamilie angehört hättet und ihr hättet es geschafft, den für euch so steinigen Weg bis dorthin zu gehen, wo ihr nun letztendlich eben gerade seid, so wärt ihr den Mitgliedern der Lichtfamilie herzlich willkommen.

Hört einfach damit auf, euch ständig zu fragen, was nun richtig und was nun falsch ist. Tut das, was ihr in eurem Herzen fühlt - es wird immer und ohne Ausnahme das Wahre sein.

Die eine und einzige Liebe

Ihr sprecht immer wieder von Hologrammen, die von drei- oder höherdimensionalen Wesenheiten projiziert werden.

Ein Hologramm definiert ihr als eine dreidimensionale Projektion von Bildern. Im Prinzip spielt es bei den von euren Technikern entwickelten Hologrammen keine wesentliche Rolle, ob diese Bilder nun beweglich oder unbeweglich sind.
Genaugenommen ist eure gesamte dreidimensionale Welt ein Hologramm, denn das, was ihr als Realität mit euren fünf dreidimensionalen Sinnen wahrnehmen könnt, ist eine Projektion eures Geistes und somit eine holographische Spiegelung. Jedoch ist dies ein Hologramm, das wir in diesem Zusammenhang als „natürliche" Projektion bezeichnen wollen.
Eine natürliche Projektion ist also im Prinzip etwas, das eurer Entwicklung als Gesamtheit aller auf eurem Planeten vorhandenen Existenzformen dient. Sinn und Zweck dieser sich selbst bewußten „Holographie" ist der Dienst an der evolutionären Entwicklung des drei- oder höherdimensionalen Lebens.

Die Projektion eurer Welt findet jedoch nicht nur im Zusammenhang mit dem Geist einer einzelnen individuellen Lebensform, also beispielsweise eines einzelnen Menschen, statt. Euer Planet, die menschliche Rasse als Gesamtheit und alle weiteren Lebens- und Existenzformen in ihrer Gesamtheit sind in ihrem Zusammenhang von wesentlicher Bedeutung.
Jede Lebens- und Existenzform trägt ihren Teil zu dem gesamten Erscheinungsbild bei.
Wesentlichen Anteil daran hat euer Planet, den ihr als „Erde" oder „Terra" bezeichnet. Euer Planet ist eine hochentwickelte mehrdimensionale Lebensform, die sich den Dienst im Sinne evolutionärer Entwicklung der menschlichen und der sonstigen Lebensformen zur Aufgabe gemacht hat.

Euer Planet ist eine von großer Liebe für euch Menschenkinder geprägte Lebensform, die euch bei euren geistigen und körperlichen Entwicklungsprozessen liebevoll unterstützt.

Von entscheidender Bedeutung für euer Verständnis der Liebe des EINEN und der Liebe hochentwickelter Lebensformen ist, daß ihr versteht, daß die wahre und einzige Liebe, die nicht fragt, sondern einfach <u>ist</u>, kaum etwas mit dem Gefühl zu tun hat, das ihr Menschen als Liebe definiert.

Macht euch frei von der Vorstellung, daß die eine und einzige wahre Liebe in irgendeiner Form mit Besitz oder Egoismen zu tun hat.
Die Liebe des EINEN und die Liebe hochentwickelter Lebensformen (Wesenheiten) unterstützt in jeglicher Form die evolutionäre Entwicklung einzelner Lebewesen, also beispielsweise die eines einzelnen Menschen und/oder die Summe der Lebewesen in ihrer Gesamtheit.
Die Liebe, von der wir gerade sprechen, läßt alles zu, was mit der evolutionären Entwicklung einer einzelnen Lebensform oder mit der Summe der Lebensformen geschieht, da alles was letztendlich geschieht dazu dient, daß die Lebensformen sich selbst erkennen und damit der Selbsterkenntnis des EINEN dienen.

Diese Liebe läßt euren Schmerz zu, da diese Liebe weiß, daß **ihr selbst** euch dafür entschieden habt, durch den Schmerz zu lernen und zu erfahren. Diese Liebe läßt im gleichen Maße auch eure Freude zu, da diese Liebe weiß, daß eure Freude wiederum der Selbst-Erfahrung des EINEN dient.
Diese Liebe weiß ebenso, daß sie sowohl das eine als auch das andere zulassen muß, da ihr selbst euch in eurem freien Willen dazu entscheiden könnt, in welcher Art und Weise ihr eure Erfahrungen sammelt.
Wenn ihr euer Leben lang gelitten habt, wenn es euer Weg war, durch das sich ständig wiederholende Leid den Weg eurer

Selbst-erkenntnis zu gehen, so wird die eine und einzige Liebe, die nicht fragt und nicht beurteilt, euch dazu verholfen haben.

Wenn ihr euer gesamtes Leben in ständiger Freude und fortwährendem Glück gelebt habt, so hat euch die unendliche Liebe des EINEN dazu verholfen.

Die unendliche Liebe, die nicht fragt und nicht beurteilt, gibt euch das, was ihr für eure Entwicklung benötigt.

Ihr selbst entscheidet darüber, in welcher Ausdrucksform dieser unendlichen Liebe ihr lernen wollt. Die unendliche Liebe des EINEN ist völlig wertfrei. Der Schlüssel zu der Form eurer dreidimensionalen Erfahrung, also der Schlüssel der Entscheidung, ob ihr in Freude oder in Leid lernen und erfahren wollt, ist die Liebe zu euch (eurem) *Selbst*.

Wenn ihr bereit seid, euch (euer) **Selbst** in Liebe anzunehmen und euch über den Egoismus hinaus tatsächlich selbst zu lieben, so bereitet ihr euch selbst einen Weg, der frei sein wird von der ständigen schmerzvollen Erfahrung.

Nun ist die Qualität der Zeit gekommen, in der ihr euch entscheiden solltet.

Nun ist die Qualität der Zeit gekommen, in der ihr anfangen solltet zu vertrauen.

Es ist die Qualität der Zeit gekommen, in der ihr euch mehr und mehr der fünften Dimension annähert.

Euer weiterer Weg wird euch bei weitem leichter fallen, wenn ihr für euch selbst entscheidet, daß ihr Kinder des Lichtes und der Liebe seid.

Nehmt euch die Ruhe und die Zeit, überlegt und fühlt, und entscheidet für euch selbst, wer und was ihr seid. Habt ihr in euch das Gefühl, Angehörige der Lichtfamilie zu sein, so formuliert für euch selbst, in lauten oder leisen Worten die Entscheidung, euch dieser Angehörigkeit bewußt werden zu wollen.

Wollt ihr, bevor ihr euch zu eurer Zugehörigkeit zur Lichtfamilie bekennt, einen Hinweis erhalten, so formuliert für euch in lauten oder leisen Worten diesen Wunsch.

IHR WERDET OHNE JEDEN ZWEIFEL DIESEN HINWEIS BEKOMMEN !

Geht jedoch nicht davon aus, daß die Himmel sich auftun, die himmlischen Heerscharen zu euch herniedersteigen werden und euch eine Urkunde überreichen werden, auf der euch in leuchtenden Großbuchstaben eure Zugehörigkeit mitgeteilt wird.
Formuliert eure Frage für euch selbst, und seid offen für die Mitteilung, die ihr vielleicht in leiser Art und Weise bekommen werdet. Geht davon aus, daß ihr keinen *Be-weis*, sondern einen *Hin-weis* erhalten werdet.

Doch seid versichert - es wird geschehen !

Ihr werdet geliebt, Kinder des Lichtes.

Vergeben und vergessen

Was euch *nicht* so sein läßt, wie ihr schon längst sein könntet, ist eure Vergangenheit.

All das, was ihr in eurem Leben erlebt und erfahren habt, ist das, was euch so bleiben läßt, wie ihr nun gerade eben seid.

All das, was ihr in eurer jetztigen Inkarnation an guten und schlechten Erfahrungen machen mußtet, diente lediglich dazu, euch der Erkenntnis eures Selbst und der Erkenntnis eures Bewußt-Seins näherzubringen.

Im Prinzip steht euch eine Art „Entrümpelung" bevor. All das, was nun noch an alten Dingen in eurem „Keller" liegt, all das, was ihr jahrelang oder jahrzehntelang aufgehoben habt, da ihr dachtet, ihr könntet es irgendwann einmal wieder brauchen, oder von dem ihr glaubt, es wären Erinnerungsstücke, die euch helfen sollten, die Erinnerung an vergangene Ereignisse aufrechtzuerhalten, werdet ihr früher oder später „ent-sorgen" müssen, da ihr noch nicht gemerkt habt, daß eure neue Behausung über keinen Kellerraum verfügt.

Nun könnt ihr versuchen, Mittel und Wege zu finden, um eure liebgewonnenen Stücke auch ja behalten zu können, oder ihr trennt euch in Liebe von ihnen, indem ihr sie in „gute" Hände weitergebt oder sie umweltgerecht „ent-sorgt".

All eure alten Erinnerungen und Erfahrungen, die ihr lediglich machen mußtet, um dorthin zu gelangen, wo ihr jetzt eben gerade seid, die ihr machen mußtet, um euer „bewußt-Werden" zum „bewußt-Sein" zu entwickeln, könnt ihr im Prinzip nun völlig vergessen.

Die alten Erfahrungen haben bereits in eurer jetzigen Gegenwart und vor allem in eurer nahen Zukunft nichts mehr mit eurem *Sein* zu tun.

Um euren Keller komplett entrümpeln zu können, bedarf es schon etwas an Mühe. Ihr müßt sortieren und euch von Altem lösen. Ihr müßt den „Müll" bewerten und festlegen, ob es sich denn nun tatsächlich um „Altes" handelt, dann müßt ihr es verpacken und an den neuen Ort transportieren.

Ähnlich verhält es sich mit euren Erinnerungen.

Auch die müßt ihr euch nochmals ansehen und bewerten, ob ihr sie für euren weiteren Weg noch benötigt oder eben nicht. Oftmals wird es euch geschehen, daß ihr euch von den alten Dingen doch noch nicht lösen könnt oder wollt. Wenn es sich so verhält, könnt ihr sicher sein, daß euch diese „Dinge" in der nahen Zukunft noch helfen werden, Erkenntnis über euch selbst zu erlangen.

Ihr bereitet euch im Prinzip auf so etwas wie einen Marathonlauf vor. Ob ihr diesen nun in Frieden und Freiheit oder belastet mit Gepäck, von dem ihr denkt, ihr könntet es irgendwann einmal brauchen, antretet, ist eure freie Entscheidung.

Im Zuge eures Marathonlaufes werdet ihr spätestens dann, wenn eure Zunge euch weit aus dem Halse hängt, feststellen, daß ihr vieles, von dem ihr euch doch noch nicht trennen wolltet, freudig über Bord werfen werdet.

Entscheidet euch, liebe Kinder.

Wollt ihr euch selbst entrümpeln, so tut es in Ruhe und laßt euch dabei soviel Zeit, wie ihr benötigt.

Seid ihr noch nicht bereit dazu, die Vergangenheit hinter euch zu lassen, so nehmt mit, was ihr noch brauchen werdet, und seid nicht traurig darüber, daß ihr noch nicht vergeben und vergessen könnt.

Tröstend für euch mag sein, daß viele von den anderen im Laufe ihrer Entrümpelung einiges von dem, was sie noch brauchen könnten, wegwerfen werden, weil sie sich nicht aus eigener Überzeugung von ihren Erinnerungen trennen, sondern weil sie glauben, daß sie besser rennen können, wenn sie alles hinter sich lassen.

Nun wißt ihr wiederum nicht, was richtig und was falsch ist und was ihr nun tun sollt.

Es tut uns leid.

Das männliche Prinzip und das weibliche Prinzip

In der Dreidimensionalität sind das männliche Prinzip und das weibliche Prinzip voneinander getrennt. Eines eurer Hauptprobleme beruht darauf, daß ihr nicht in der Lage seid, euch bewußt zu werden, daß das eine das andere im gleichen Maße beinhaltet. Habt ihr euch also als Mann inkarniert, so wäre es an der Zeit, euch darüber bewußt zu werden, daß ihr im gleichen Maße, wie ihr „männlich" seid, auch den weiblichen Aspekt in euch tragt.

Habt ihr euch als Frau inkarniert, so könnt ihr sicher sein, daß ihr im gleichen Maße, wie ihr eure „Weiblichkeit" lebt oder eben nicht lebt, auch den männlichen Aspekt in euch tragt.

Seid ihr als Mann das, was ihr in eurem Sprachgebrauch als „Macho" bezeichnet, so liegt euer größtes Problem darin, daß ihr eure Weiblichkeit negiert. Ihr bekämpft durch euer Verhalten im Prinzip die (sich) *Selbst- bewußte* Weiblichkeit, seid euch jedoch nicht darüber im klaren, daß ihr damit einen Aspekt bekämpft, den ihr im gleichen Maße in euch tragt wie eure „Männlichkeit", auf die ihr so stolz seid.

Als „Emanze", also als Frau, die für die weibliche Gleichberechtigung eintritt und auch durch ihr Verhalten kämpft, könnt ihr versichert sein, daß ihr das, was ihr bekämpft, in euch selbst tragt.

Gleich-gültig, ob ihr nun als „Macho" oder als „Emanze" durch die Welt geht, kämpfen tut ihr nur gegen euch selbst.

Das weibliche Prinzip, also die Konstruktivität, und das männliche Prinzip, die Destruktivität, sind in jedem Menschen im gleichen Maße als Information „enthalten".

Tatsächlich emanzipiert seid ihr erst dann, wenn euch bewußt geworden ist, daß ihr, gleich-gültig welchem Geschlecht ihr angehört, den Gegenpol in euch die gleichen Rechte einräumt.

Die Existenz einer Lebensform stützt sich immer und ohne Ausnahme darauf, daß beide Seiten der Polarität, die euch bis an das Ende eures Seins begleiten wird, vorhanden sind.

Leben, bewußte Existenz, beruht immer auf dem Ausgleich von Energien.
Welche Form oder Qualität von Energie ihr nun für eure Entwicklung verwendet, entscheidet jede Lebensform als Individuum für sich selbst.

In eurer Schwingungsebene oder Dimension ist die tatsächliche Verbindung des weiblichen und des männlichen Aspektes nur möglich durch eine tiefe Verbindung von Mann und Frau.
Im Prinzip ist die tatsächliche Verbindung von Mann und Frau ein als „heiliger Akt" zu bezeichnender Vorgang, denn dabei wird das Männliche, die Destruktivität, und das Weibliche, die Konstruktivität, auf einer höheren Ebene miteinander verbunden.
Auf eurer Welt habt ihr aus diesem ursprünglich hochgeistigen Akt ein lediglich gesellschaftliches Ereignis gemacht, das eigentlich als sexuelle und materielle Zweckgemeinschaft definiert werden kann.
Ihr verbindet euch nicht mehr miteinander, um euch miteinander intensiver weiterentwickeln zu können, sondern ihr lebt eine Zeitlang miteinander und oftmals nebeneinander, weil es euch als einfacher und angenehmer erscheint.
Ihr gebt euch das Wort, miteinander euer Leben zu verbringen, schließt aber vorsichtshalber gleich einen Ehevertrag, der euer Zusammenleben und eure Trennung regeln soll.
Im gleichen Atemzug beklagt ihr euch über den moralischen Verfall der Sitten und nehmt euch vor, dieses Thema bei der nächsten Abwesenheit eures Ehepartners, die euch ein Treffen mit eurem/eurer Geliebten ermöglicht, ausführlich zu diskutieren.
Wie, ihr lieben Kinder des Lichtes, wollt ihr euch tatsächlich weiterent-wickeln, wenn es euch noch immer nicht gelingt, eure dreidimensionale Welt mit all ihren Stolperfallen und Desorientierungen hinter euch zu lassen?

Die Manipulation durch die „Bösen"

Alles, was euch umgibt, alles, was ihr auf eurer Welt erlebt und erfahrt, beruht auf der Trennung des Geistes.
So wie Mann und Frau, Erwachsene und Kinder, schwarz und weiß und gut und schlecht voneinander getrennt werden, so seid ihr, die ihr all das und noch vieles mehr seid, in euch selbst von euch getrennt.
Viele von euch fürchten sich vor den energetischen Angriffen der „bösen" Mächte.

Obwohl ihr euch einerseits keinesweg sicher seid, daß ihr in letzter Konsequenz eurem eigenen Dogma des „gut seins" entsprecht oder gar der Lichtfamilie angehört, so glaubt ihr dennoch, daß die „bösen" Mächte einen immensen Energieaufwand betreiben, nur um euch mit Energien zu „quälen".
Vermögt ihr nicht einmal diesen Widerspruch zu erkennen?

Dennoch sei euch gesagt, daß diese Mächte nur dann Einfluß auf euch nehmen können, wenn ihr von euch selbst durch die Manifestation der Polarität und der damit verbundenen Erfahrungen getrennt seid.
Wärt ihr EINS mit euch selbst, so könnte kein Angriff, gleichgültig in welcher Form er nun tatsächlich stattfindet, euch etwas anhaben.
Eure unendliche Angst vor einem derartigen Angriff ist in der Lage, in euch selbst einen derartigen Angriff zu projizieren. So könnt ihr inzwischen nicht einmal mehr sicher sein, ob ihr nun tatsächlich einem „äußeren" Angriff unterliegt oder ob ihr eine in euch „hausgemachte" Projektion eines „Angriffes" erlebt.

Tatsächlich sind im Prinzip derartige Angriffe möglich. In der Praxis jedoch werden sie von den „Bösen" nur in besonders „notwendigen" Fällen durchgeführt, da der Aufwand an benötigter Energie enorm hoch ist und die dadurch gebundenen Kräfte meist sinnvoller und effektiver eingesetzt werden können.

Oftmals reicht es jedoch aus, die Information zu verbreiten, daß derartige Angriffe möglich sind.
Das Ausstreuen dieser Information allein sorgt bereits dafür, daß die oftmals tief im Inneren eines Menschen verborgenen Ängste die Symptome eines derartigen Angriffes projizieren.

Ein Mensch, der sich dann aufgrund seiner inneren und unbewußten Furcht selbst angreift und meist auch selbst „schachmatt" setzt, hat in der Regel andere Probleme, als sich mit seiner Bewußtseinserweiterung auseinanderzusetzen.

Um Mißverständnisse auszuschließen: Wir behaupten nicht, daß derartige energetische Angriffe nicht möglich sind.
Wir verweisen in diesem Zusammenhang nochmals darauf, daß ein energetischer Angriff ein für euch unvorstellbares Energiepotential bindet. Solltet ihr also das Gefühl haben, daß ihr durch von außen auf euch einwirkende Energien desorientiert und gezielt manipuliert werdet, so stellt euch wiederum die Frage nach dem *WARUM* !

Ihr habt eines immer noch nicht begriffen:
Ihr lebt in einer Qualität der Zeit, in der eure Gedanken, eure Gefühle, aber auch eure Meinungen und Wertigkeiten innerhalb kürzester Zeit als dreidimensionale Erfahrung manifestiert werden.
Wenn ihr euch also angegriffen fühlt, so könnt ihr weitestgehend sicher sein, daß ein derartiger Angriff von *euch selbst* manifestiert wurde.

Noch immer versteht ihr nicht, daß ihr eure Realität selbst gestaltet. Noch immer habt ihr nicht begriffen, daß der Schlüssel zu all euren Problemen die Beseitigung des Mülls in euch selbst ist, der euch nach wie vor festhält und bindet. Habt ihr all eure alten Erfahrungen in euch beseitigt, so habt ihr die Möglichkeit, euch selbst in Liebe für euer Tun zu entlohnen, und seid nicht mehr an äußere Gegebenheiten gebunden.

Einerseits fühlt ihr euch klein und nutzlos. Ihr fühlt euch fernab von eurer Aufgabe und seid euch nicht einmal sicher, ob ihr unter denjenigen seid, die überhaupt eine Aufgabe haben.
Andererseits jedoch geht ihr davon aus, daß unendliches Energiepotential einzig und allein nur zu dem Zwecke bereitgestellt wird, um euch als „kleines" Licht, als das ihr euch selbst bezeichnet, zu manipulieren.
Liegt darin nicht immer noch für euch selbst ein Widerspruch?

Ihr gestaltet eure Gegenwart und eure Zukunft selbst.
Ein jeder für sich selbst und ihr alle zusammen als Zivilisation der Menschen.

Was seid ihr euch selbst wert, Kinder des Lichtes und der Liebe?

Die Scheidung der Geister

Nun sei euch gesagt, daß eure Welt, euer Planet, den ihr Erde nennt, sich in die fünfte Dimension erheben wird. Das ist an und für sich nichts Neues für euch.

Durch diese evolutionäre Entwicklung wird jedoch auch die Menschheit in sich zweigespalten in diejenigen, deren evolutionäre Entwicklung dem Lebewesen „Erde" angepaßt ist, und diejenigen, die sich weiterhin in der dritten Dimension aufhalten werden, um weiterhin ihre dreidimensionalen „Spiele", die wiederum der „Selbst-Erfahrung" dienen, spielen zu können.

Die Menschen, die in der dritten Dimension verbleiben werden, oder, um es genauer zu definieren, sich wiederum aus der vierten Dimension in die dritte zurückbegeben werden, werden mit jeder Schwingungserhöhung, die der Planet Erde für sich selbst erwirbt, mit größeren Problemen konfrontiert werden.

Seht um euch herum. Seht die Menschen, bei denen lange, lange Zeit alles „glatt" zu laufen schien - könnt ihr nicht feststellen, daß all das, was „Sicherheit" zu geben schien, beginnt zu zerbröckeln?
Stellt ihr nicht überall um euch herum das Chaos fest?
Erwartet ihr nicht noch immer die großen, die globalen Katastrophen?
Könnt ihr nicht all das Leid um euch herum sehen?
Freunde, die zu Feinden werden, Männer und Frauen, die ihre Kinder mißhandeln und sogar nicht davor zurückschrecken, diese ihre Kinder für Nichtigkeiten zu töten.
Menschen, die Angst vor der Zukunft haben, die Angst davor haben ihren Arbeitsplatz, der sie so oft frustriert, zu verlieren, und gleichzeitig wiederum Angst davor haben, ihren Arbeitsplatz behalten zu müssen, da er ihnen viel Leid beschert.
Menschen, die sich einerseits davor fürchten, daß Raumschiffe kommen werden, und sich andererseits davor fürchten mitzuge-

hen, sich evakuieren zu lassen. Die anderen, die sich davor fürchten, daß sie nicht kommen würden, um sie zu holen.

Das, was ihr als soziale Netze bezeichnet und was im Prinzip nichts anderes ist als eine Art eines „Festhaltemechanismus", beginnt zu zerbrechen.

Ihr lebt mitten im Chaos und erwartet noch mehr.

Immer erwartet ihr mehr. Mehr Leid und mehr Freude. Alles muß steigerbar sein. Dennoch, bequem muß es bleiben.

Eure Systeme der Manipulation, die eure „Sitzflächen" auf euren Sesseln festgeschweißt haben, waren erfolgreich. Bevor ihr selbst aktiv werdet, wollt ihr zunächst einmal sehen, in welche Richtung die Herde läuft. Konntet ihr euch die Richtung merken, so wartet ihr vorsichtshalber noch ein bißchen, denn schließlich könnte es doch sein, daß die Herde nochmals zurückkommt, um eine andere Richtung einzuschlagen. Also bleibt ihr noch etwas bequem sitzen, denn falls sie doch zurückkommen, so habt ihr euch einen Weg gespart.

Kommt die Herde, auf die ihr gesetzt habt, nicht zurück, so habt ihr es plötzlich eilig. Ihr beginnt, ihnen hinterherzulaufen, und schreit, damit sie auf euch warten.

Ihr habt mit denjenigen, die sich vor langer Zeit bereits dafür entschlossen haben, in der dritten Dimension zu verbleiben, nichts mehr gemein.

Ihr werdet gehen, und sie werden bleiben.

Selbst wenn ihr bleiben wolltet, so könntet ihr es nicht, da nicht euer Verstand, nicht eure Dreidimensionalität, darüber zu befinden hat.

Die Scheidung der Geister war bereits vollzogen, bevor ihr euch in eure Körper begeben habt.

Oftmals bereitet euch die Vorstellung, daß euch liebe Menschen zurückbleiben „müssen", absolutes Unbehagen. Noch immer beurteilt und bewertet ihr nach euren dreidimensionalen und somit begrenzten Vorstellungen.

Wollt ihr denn nicht einmal ansatzweise zur Kenntnis nehmen, daß eure körperlichen, dreidimensionalen Vorstellungen nichts mehr mit euch zu tun haben?

Wollt ihr euch nicht einmal versuchsweise „die andere Seite" ansehen und versuchen, zu welchen Taten ihr fähig seid?

Nein, ihr wartet lieber auf den „Einen", der sich in körperlicher Form inkarnieren soll, damit ihr ihm wie die Lemminge zur Schlucht folgen könnt und euch in die Tiefe stürzt.

Ihr wollt erst einmal sehen, ob die Richtung der Herde stimmt, bevor ihr euch anschließt.

Noch immer wollt ihr nicht begreifen, daß die Scheidung der Geister längst vollzogen ist. Noch immer wollt ihr nicht begreifen, daß eure Anwesenheit auf eurem Planeten euch, die ihr euch mit „Dingen" beschäftigt, die eure Ratio kopfstehen läßt, Beweis genug sein sollte, daß ihr „dazugehört".

Und weil ihr euch noch immer standhaft weigert, zumindest die Möglichkeit ernsthaft in Betracht zu ziehen, daß ihr doch Kinder des Lichtes sein könntet, lauft ihr noch herum mit eurem Ballast.

Ihr könntet fliegen, Kinder des Lichtes, doch der Ballast eurer Vergangenheit hilft euch dabei, den Boden nicht verlassen zu können.

Der Blockadebrecher
oder
Angst als Mittel zum Zweck

Im Prinzip verfügt ihr als in sich geschlossenes Energiesystem über gigantische und kaum zu überwindende Schutzmechanismen.
Damit Manipulation von außen zu euch gelingen kann, müssen diese Schutzfunktionen außer Kraft gesetzt werden. Angst ist in diesen Fällen ein phantastisches Mittel um eure eigene Schutzfunktion zu neutralisieren.
Somit werdet ihr geöffnet, und Manipulation kann endlich in die Tiefen eures Bewußtseins dringen.

Angst ist die Kraft, die euch dabei hilft, euch nicht erkennen zu müssen.

Angst ist die Macht, die euch unterstützt, euren Weg nicht zu gehen.

Angst ist der Pol des EINEN, der euch beisteht, die Liebe des EINEN nicht erkennen zu müssen.

Angst ist das in euch, womit ihr euch hindern könnt, die Freiheit eures Geistes erleben zu "müssen".

Angst ist die größte destruktive Kraft in den Weiten des ALL-ES.

Angst ist euer bester Freund, denn die Unterdrückung, die ihr durch sie erfahrt, wird euer Leid solange steigern, bis ihr euch endlich selbst befreien _wollt_.

Eure Angst wird euch lehren, Kinder des Lichtes.

Das morphogenetische Feld

Nun, ihr habt erfahren, daß alles, was ihr als dreidimensionale Realität erlebt und erfahrt, nichts anderes als eine energetische Projektion ist.

Da euch diese Aussage nach wie vor zu schaffen macht und ihr euch immer wieder fragt, wie es denn nur möglich sei, daß ihr eine Projektion, ein Hologramm als Realität empfinden könnt, werden wir euch eine „dreidimensionale Version" beschreiben.

Um diese Version verständlich für euch gestalten zu können, müssen wir wiederum den Begriff „Bewußtsein" bemühen.

Jeder Mensch als einzelnes Individuum verfügt über ein persönliches morphogenetisches Resonanzfeld. Innerhalb dieses persönlichen Resonanzfeldes sind alle Informationen, also Erfahrungen vorhanden, die der Geist dieser Existenzform jemals im Laufe seiner Inkarnationen erlebt und erfahren hat.

Der Planet, auf dem ihr Menschen lebt, ist eine hochentwickelte Lebensform, die sich bereit er- 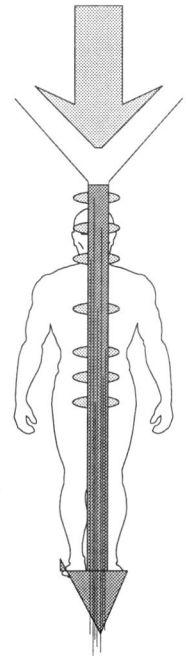 klärt hat, euch Menschen auf dem Wege euer Selbst-Findung als „Mutter" zur Verfügung zu stehen.

Um dieser Aufgabe gerecht werden zu können, muß euer Mutterplanet über ein eigenständiges Informationsfeld verfügen können, das imstande ist, einzelne Bewußtseinszustände (Lebensformen) im Detail und ihrer individuellen Entwicklungsstufe angepaßt betreuen zu können und ebenso die Gesamtheit der Bewußtseinszustände als Einheit (die menschliche Zivilisation) auf dem Wege der Selbst-Erkenntnis unterstützen zu können.

Es muß also ein „Wechselspiel" zwischen dem einzelnen Individuum und der Mutter Erde sowie der Menschheit als großes Ganzes und ihrer Mutter Erde konstruiert werden.

Einerseits muß sichergestellt sein, daß die persönliche Entwicklung eines Individuums unabhängig von der Gesamtheit der Menschen stattfinden kann, und andererseits sollen die persönlichen Informationen des einzelnen Menschen für die anderen Teilaspekte der Gesamtheit zugänglich sein.

Dennoch muß ein einzelnes Individuum, wenn es das wünscht, in die gesamte Entwicklung der Menschheit wiederum eingebunden werden können.

Alle Erfahrungen eines einzelnen Menschen werden wiederum im Detail und ohne Zeitverzögerung über die Energiehierarchien der einzelnen Dimensionen, also die einzelnen Sonnen und Zentralsonnen weitervermittelt, bis sie zu dem EINEN als Information gelangen. Das gleiche gilt für die Gesamtheit der Erfahrungen der ganzen Menschheit.

Ihr seht also, daß diese Geschichte mit dem morphogenetischen Feld nicht so ganz komplikationslos ist.

Damit die Mutter Erde jeden einzelnen Menschen in seiner Selbst-findung unterstützen kann, wurde ein Energie- oder Informationssystem entwickelt, mit dem jeder Mensch sich die Erfahrungen, die er zu seiner persönlichen Entwicklung benötigt, selbst gestalten kann.

So nehmt ihr durch euer Kronenchakra ständig Energie in euch auf, von der ihr inzwischen wißt, daß sie alles an Information in sich trägt, und von der ihr ebenso wißt, daß sie in ihrer Grundstruktur absolut neutral ist.

Diese neutrale Energie durchläuft nun ein Chakra nach dem anderen, und in jedem dieser Energiezentren werden Informationen aus dieser Energie „herausgezogen" oder „negiert". maßgeblich für die „Programmierung" dieser Energie sind eure Gedanken- und Gefühlsmuster aus allen Teilbereichen eurer menschlichen Existenz.

Durch diesen Vorgang ist sichergestellt, daß alle, aber auch wirklich alle bewußten und unbewußten Gedanken und Gefühlsmuster mit berücksichtigt werden. Eine Täuschung eures Selbst ist somit von vornherein ausgeschlossen.

Diese durch eure Gedanken und Gefühlsmuster „verunreinigte" Energie wird über euer Wurzelchakra und teilweise über die Chakren in euren Fußsohlen, falls diese aktiv sind, in das morphogenetische Informationsfeld eurer Mutter Erde übertragen.

Dort wiederum wird sie als eure Vorstellung der Realität verarbeitet und kehrt in Form einer energetischen Projektion, also als Ausdruck eurer Realität zu euch zurück.

Beherrscht also Angst euer Leben, so werdet ihr durch diesen Vorgang ständig mit eurer „Überzeugung" konfrontiert sein.

Unterliegt ihr dem „Armutsbewußtsein", so könnt ihr sicher sein, daß dieses Bewußtsein sich in Form eurer erlebten Realität manifestiert.

Unterliegt ihr dem „Krankheitsbewußtsein", so könnt ihr sicher sein, daß dieses Bewußtsein sich wiederum als Realität für euch zeigt.

Das gleiche gilt für alle anderen Denk- und Glaubensschemen, die ihr bewußt oder unbewußt in euch tragt.

Somit wird euch euer Wunsch, endlich, endlich die Fähigkeit der Manifestation zu „besitzen", mit einem Schlag erfüllt.

Denn seit Beginn eures menschlichen Seins habt ihr tagein tagaus nichts anderes getan, als euch in jeder Sekunde eures Seins eure eigene, persönliche Realität zu erschaffen.

Ihr selbst und niemand sonst hat euch all die Erfahrungen, den Kummer und das Leid, aber auch die kurzen Phasen der Erholung durch Freude und Glück beschert.

Eure Gedanken und eure Gefühle, also das, was ihr bewußt und unbewußt in euch tragt, hat euch mit dem versorgt, was ihr „wolltet".

Ihr habt in jedem Augenblick eures Lebens die Summe all dessen, was ihr denkt, fühlt, glaubt, eure Wertigkeiten über euch selbst und über andere Menschen als eine Summe von Informationen in das morphogenetische Feld eurer Mutter Erde eingespeist, die euch in ihrer unglaublichen Liebe und Güte das erfüllt hat, was ihr für eure Entwicklung benötigt habt.

Auch jetzt gerade, in dieser Sekunde eurer Gegenwart, seid ihr dabei, eure Realität nach euren Vorstellungen zu gestalten.

Ihr seid fähig und in der Lage, innerhalb kürzester Zeit eure persönliche Realität grundlegend zu verwandeln, wenn ihr das, was ihr **in** euch an Überzeugungen über euch selbst und andere mit euch herumtragt, verändert.

Somit seid ihr befähigt, die von euch erlebte und erfahrene Realität als Spiegel dessen zu betrachten, was ihr in euch selbst seid.

Nun, liebe Mitglieder der Lichtfamilie, was werdet ihr nun tun?

Das Paradoxon bewußter Manifestation

Da ihr nun wißt, wie ihr eure Realität bewußt manifestieren könnt, müßte im Prinzip alles „klar" sein.
Ihr braucht nur dafür Sorge zu tragen, daß die Qualität der Informationen sich verändert, die ihr ständig an die „Mutter Erde" abgebt.

Unter Umständen werdet ihr feststellen, daß ihr nun ein neues Problem habt. Das Problem liegt darin, daß ihr nun eben wißt, wie manifestieren „funktioniert".
Nun wollt ihr sofort wieder alles „richtig" machen und überseht dabei wiederum, daß ohne Ausnahme **alle** bewußten und unbewußten Bewußtseinsinhalte von der „Mutter Erde" als Realität projiziert werden.

Wollt ihr also etwas „richtig" machen, so birgt der Gedanke „richtig" im Prinzip bereits den Gedanken „falsch" in sich, und, überprüft eure persönlichen Wertigkeiten, der Gedanke „falsch" ist verbunden mit der Furcht vor der Konsequenz, die eben daraus entsteht, wenn ihr etwas „falsch" gemacht habt.

Um eure augenblickliche Verwirrung noch auf die Spitze zu treiben, möchten wir euch mitteilen, daß die Intensität eurer Furcht vor dem „Falschmachen" unmittelbar verbunden ist mit euren Kindheitserfahrungen.

Habt ihr als Kind erfahren, daß etwas „falsch" zu machen etwas „Schlimmes" ist, das oftmals sogar Strafe nach sich ziehen kann, so seid ihr darauf programmiert worden, möglichst immer alles „richtig" zu machen.
In eurem tiefsten, unbewußten Inneren „wißt" ihr, daß ihr eigentlich nichts „richtig" oder „falsch" machen könnt, da jegliche Erfahrung, die ihr macht, „richtig" ist, da sie euch und somit auch der Selbst-Erkenntnis des EINEN dient.

Euer völlig verschobenes und verzerrtes Weltbild von euch selbst und von all-em was ist, trägt dazu bei, daß ihr nicht anders könnt, als so zu denken und zu handeln, wie ihr es eben tut.

Da ihr die Information, die ihr in das morphogenetische Resonanzfeld eurer „Mutter Erde" einspeist, auf eure gewohnte Art eben nicht manipulieren könnt, da eben die Gesamtheit eurer bewußten und unbewußten Bewußtseinsinhalte die Basis eurer Manifestation bildet, seid ihr gezwungen, euch tatsächlich mit euren bewußten und unbewußten Bewußtseinsinhalten auseinanderzusetzen.

Es reicht nicht aus, daß ihr nun versucht, euch immer wieder auf einen Wunsch zu konzentrieren in der Hoffnung, daß ihr dann eines Tages euch so umprogrammiert haben werdet, daß eure „Negativinformationen" in euch eines schönen Tages schon verschwunden sein werden.

Je mehr ihr euch etwas wünscht, desto mehr gesteht ihr euch ein, daß ihr darüber nicht verfügen könnt. Ihr setzt also in den Tiefen eures Bewußtseins der Information eures Wunsches sofort und ohne euch darüber bewußt zu sein, die gegenteilige Information dagegen, nämlich die, daß ihr über das, was ihr euch wünscht, eben nicht verfügen könnt. Solange ihr so verfahrt, ist die Realisierung eines eurer Wünsche eher ein „Zufallstreffer".

Tragt ihr also in euch den tiefen Wunsch, endlich einmal genügend finanzielle Mittel zur Verfügung zu haben, um ungestört durch ständige Rechnungen, die ihr nicht bezahlen könnt, leben zu können, seid in den tiefen Schichten eures Bewußtsein jedoch aufgrund eurer Erfahrungen aus der Vergangenheit zu der Meinung gelangt, daß ihr der bedingungslosen materiellen Versorgung nicht wert seid, so ist das Resultat eures Manifestationsversuches wohl eher dazu geeignet, das Ganze in Zukunft lieber zu lassen.

Wenn ihr euch also das kosmische Prinzip der bewußten Manifestation zunutze machen wollt, und eure Hände sind vor Aufregung schon ganz feucht, weil ihr sofort damit beginnen wollt, endlich endlich Geld, Gesundheit, „funktionierende" Partnerschaft, oder was auch immer für euch selbst zu manifestieren, so solltet ihr euch über einige untrennbar mit diesem Vorgang verbundene Regeln bewußt werden.

„Manifestation beruht auf dem Prinzip
der unendlichen Liebe des EINEN".

Ihr manifestiert also immer und ohne Ausnahme die Summe aller eurer bewußten und unbewußten Bewußtseinsinhalte.

„Je intensiver ein Wunsch in euch ist,
desto klarer seid ihr euch im Prinzip darüber,
daß ihr über den Gegenstand eures Wunsches
nicht verfügen könnt".

Je mehr ihr euch etwas wünscht, desto bewußter solltet ihr euch darüber sein, daß die Information „Das habe ich nicht" von euch abgegeben wird. Die Zauberworte, um dieses Problem zu lösen, heißen *„vertrauen"* und *„loslassen"*.

„Die Manifestation eines Gedankens ist untrennbar
mit dem Selbst-Wert des Bewußtseins verbunden".

Wenn ihr euch tatsächlich einen Wunsch erfüllen wollt, so müßt ihr in euch auch bereit sein, die Manifestation tatsächlich anzunehmen. Zwei-fel verhindert oder verändert das Ergebnis eurer Schöpfung, so daß ihr immer wieder von der Freude der Erfüllung zur Frustration der Nicht-Erfüllung hin- und herwechselt.

Seid versichert, liebe Kinder des Lichtes und der Liebe, wenn ihr dazu beitragen wollt, Veränderungen durchzuführen, so werdet ihr nicht umhinkommen, euch zumindest einmal damit auseinanderzusetzen, daß das, was ihr als Realität erlebt und erfahrt, nichts anderes als eine Scheinwelt ist, die ihr jederzeit in der Lage seid, durch das Verändern eurer Bewußtseinsinhalte zu beeinflussen.

Mangel ist eine Illusion eurer Bewußtseinsinhalte.

Krankheit existiert ausschließlich in eurem Bewußtsein.

Macht und destruktive Manipulation sind Informationen in euren Bewußtseinen, die nur dadurch vorhanden sein können, weil ihr sie in euren Bewußtseinen als gegeben akzepiert habt.

Angst ist die dreidimensionale Fessel, die euch mit all dem verbindet.

Bevor ihr nun unkontrolliert in Panik ausbrecht und euch nicht mehr traut, an irgendetwas zu denken, da sich dies ja „schrecklicherweise" manifestieren könnte, seid euch bewußt, daß, wenn ihr so „unbelastet", wie ihr vor unserer Geschichte wart, bleibt, sich an eurem Leben und den damit verbundenen Erfahrungen nichts ändern wird.

Dennoch soll unsere Geschichte ein Versprechen beinhalten. Wenn ihr euch die Mühe macht, euch selbst und damit euer Bewußtsein zu durchforsten und zu erforschen, werdet ihr euch selbst in nie gekannter Qualität kennenlernen und erkennen.

Habt keine Furcht vor dem, was ihr finden könntet. Die Vergangenheit liegt hinter euch, und ihr könnt die Vergangenheit eurer Inkarnation nicht mehr verändern. Ihr könnt jedoch damit beginnen, die Gegenwart bewußt und in Selbst-Erkenntnis zu leben, und damit eure Zukunft verändern.

Eure Zukunft ist die Sekunde, die auf die Sekunde folgt, in der die Gegenwart zur Vergangenheit wird.

Die Erforschung eures Bewußtseins mag einige Zeit in Anspruch nehmen, doch seid versichert:

In dem Augenblick, in dem ihr beginnt euch (euer) Selbst zu erkennen, wird euer Leben beginnen sich zum „Positiven" zu ver-

ändern. Beginnt nicht damit, eurer „Mutter Erde" zu helfen. Beginnt mit euch selbst. Wenn ihr durch die Manifestation eurer Wünsche die damit zusammenhängenden Mechanismen erkannt habt, so könnt ihr „Größeres" bewirken.
Beginnt mit euch selbst, liebe Kinder.

Das ist unser Versprechen - und seid versichert - wir lügen nicht.

Manipulation

Nun, wenn ihr damit beginnen wollt, tatsächliche Veränderungen in eurem Leben und damit in der Gesamtheit eures Planeten herbeizuführen, so solltet ihr verschiedene Zusammenhänge erkennen.

Ihr konntet in letzter Zeit vieles über die destruktiven Manipulationen der „Bösen" erfahren.

Dabei ging es im Wesentlichen um äußere Manipulationen, wie die Aufdeckung der Machtstrukturen auf eurem Planeten, die Tatsache, daß dreidimensionale technische Möglichkeiten zur Bewußtseinsmanipulation entwickelt wurden, und vieles mehr.

Es wäre nicht zwingend notwendig für die wahren Machthaber des Planeten gewesen, ihre Machtstrukturen aufdecken zu lassen. Es wird jedoch dadurch wiederum eines erreicht:
Ihr, euer Bewußtsein, ihr selbst werdet verunsichert. Verunsicherung wiederum erzeugt in euch Angst und Angst wiederum hält euch klein und machtlos.

Eure Manipulation, die ihr in eurem Außen, eurer Realität, erlebt, ist jedoch wiederum „nur" eine Manifestation von Information, die in das morphogenetische Resonanzfeld eurer „Mutter Erde" eingespeist wird.

Die tatsächliche Manipulation eurer Zivilisation beruht darauf, daß ihr durch den fortwährenden unbewußten Gebrauch von Information in euch selbst diese Angst oder das Festhalten von veralteten und überholten Strukturen projiziert.

Nun, einige Beispiele:
Niemand spricht heute mehr darüber, daß das Volk der Amerikaner vor noch nicht so langer Zeit das Volk der Indianer an den Rand der Ausrottung gebracht hat.

Kaum jemand spricht über die Ausrottung südamerikanischer Volkstämme, die im Zuge der Regenwaldabholzung stattfand und noch immer stattfindet.

Niemand spricht über die Zerschlagung und Unterdrückung der Ureinwohner Australiens.

Worüber jedoch nach wie vor gesprochen wird, ist der zweite Weltkrieg.
Im Prinzip jedoch geht es nicht um den Krieg selbst, es geht um das jüdische Volk und das, was das Volk der Deutschen (nebenbei bemerkt waren es auch Italiener, Österreicher und viele mehr) den Juden angetan hat.

Wir möchten an dieser Stelle darauf verweisen, daß wir uns weder in politische noch menschenrechtliche Vorgänge auf eurem Planeten einmischen wollen. Wir möchten hier auch keine Diskussionen über tatsächliche Schuld oder über Unschuld einzelner Völker oder der Menshheit als Gesamtheit anfachen.

Die dreidimensionalen Vorgänge im Zusammenhang mit diesem Krieg und die daraus resultierenden Verletzungen dessen, was ihr „Menschenrechte" nennt, ist jedoch nur die eine Seite der Medaille.
Im Prinzip, und das ist die andere Seite der Medaille, ging es letztendlich lediglich darum, ein kosmisches Symbol in Mißkredit zu bringen.
Um dieses Ziel zu erreichen, wurden einige Millionen Menschen „geopfert".

Dabei geht es um die geometrische Form des Sechssterns oder, wie es einige von euch bezeichnen, des Hexagramms.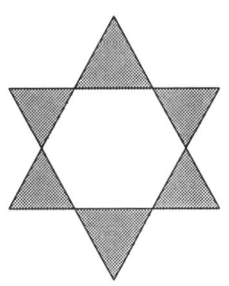
Der Sechsstern, die zweidimensionale Form des Tetraeders, ist eine geometrische Form, die den absoluten Ausgleich zweier entgegengerichteter Energien symbolisiert. Eine geometrische Form, die euch Menschen in dieser Zeit der Verwirrung und Desorientierung dazu verhelfen könnte, die Mitte, den Ausgleich in euch selbst, zu schaffen.

Diese Form vereint gut und böse, männlich und weiblich, hell und dunkel und erschafft ein Feld der Neutralität, in dem jedoch beides vorhanden ist.

Dieses geometrische Symbol göttlichen Bewußtseins ist der Schlüssel zur Einheit mit sich selbst und damit zu allem, was ist. Wenn ihr jedoch dieses Symbol betrachtet, so regt sich bei vielen von euch ein „unangenehmes" Gefühl. Ihr bringt dieses Symbol unmittelbar in Zusammenhang mit den Vorgängen der Epoche, die ihr als zweiten Weltkrieg definiert.

Somit wurde durch das Opfern vieler Millionen Menschen das erreicht, was erreicht werden sollte.

Ihr fügt diesem kosmischen Symbol absoluten Ausgleiches die Erinnerung an Vorgänge zu, mit denen ihr im Prinzip nichts, aber auch absolut gar nichts zu tun hattet.

Ihr selbst fügt, aufgrund manipulativer Vorgänge der konstruktiven Energie dieses Symboles die destruktive Energie einer im morphogenetischen Feld der „Mutter Erde" vorhandenen Information hinzu.

Ihr selbst überdeckt das konstruktive Bewußtsein dieses Symboles mit der destruktiven Energie eurer eigenen Meinung und Wertigkeit.

Das, liebe Kinder, sind die tatsächlichen Vorgänge destruktiver Manipulation.

Ihr habt festgestellt, daß wir viele Worte, die in eurem üblichen Sprachgebrauch als ein Wort geschrieben und gesprochen werden, mit einem Bindestrich trennen und unabhängig von euren Regelungen groß oder klein schreiben. Wir tun dies, um diese Worte in ihrer ursprünglichen Ausdrucksform zu übermitteln.

„*Selbstbewußtsein*" definiert ihr als den Zustand eines Menschen, der aufgrund seiner Schönheit, seines Reichtums an materiellen Gütern oder aufgrund seines Wissens Kraft bezieht und dies nach außen auch repräsentiert und zeigt.

Im Prinzip ist diese Art von Selbstbewußtsein nichts anderes als eine leichte Erscheinungsform von Arroganz.

„Selbst-Bewußtsein" in seiner ursprünglichen Bedeutung jedoch bedeutet nichts anderes, als daß ihr euch eures Selbst, also der Anwesenheit des „höheren" Wesens in euch selbst bewußt seid, daß ihr verstanden habt, daß ihr nicht „nur" Mensch, sondern auch eine Wesenheit höherer Herkunft seid.

Diese Definition des Wortes „Selbst-bewußt-Sein" ist jedoch nicht erwünscht, also wurde eine den Machthabern besser passende Definition kreiert.

Der Begriff *„allein"* repräsentiert für viele von euch einen fürchterlichen Zustand, nämlich den des absoluten auf sich selbst gestellt seins und der Tatsache, daß niemand bei euch ist, zu dem ihr „gehören" könnt.

In seiner ursprünglichen Form jedoch bedeutet dieser Begriff des *„All-ein"* seins, also den Zustand, in dem ihr EINS seid mit ALL-EM, was ist.

So erzeugt ihr in euch eine Diskrepanz zwischen dem, was euer höheres Selbst anstrebt, nämlich dem *„All-ein"* sein zu wollen und eurem niederen Selbst, eurem Mensch-Sein, das eben nicht *„allein"* sein will.

„Selbstvertrauen" ist in eurem üblichen Sprachgebrauch wiederum etwas, das in der Regel so wie das Selbstbewußtsein eine Facette der Arroganz ist. Begegnet ihr einem Menschen, der Selbstvertrauen hat oder von dem ihr dies zumindest annehmt, so fühlt ihr euch diesem Menschen oftmals auf eine unangenehme Weise „unterlegen".

Selbst-Vertrauen jedoch ist nichts anderes als die Fähigkeit und Möglichkeit, auf euer „Selbst" oder euer „höheres Selbst" vertrauen zu können.

„Schlaf", ganz nebenbei bemerkt, heißt rückwärts gelesen, wenn man es nicht ganz genau nimmt, nichts anderes als *„falsch"* und umgekehrt.

Wenn ihr etwas „*zulaßt*", bedeutet dies nun, daß ihr etwas nicht öffnet, oder bedeutet es, daß ihr etwas mit euch geschehen laßt und nicht eingreift?

Wenn ihr euch spirituell „entwickelt", bedeutet dies für euch so etwas wie „Weiterbildung" oder müßt ihr euch aus „etwas" auspacken, so wie ihr ein Geschenk aus seinem Papier „entwickelt"?

Manipulation, liebe Lichtfamilie, hat viele Gesichter. Die Gesichter, die ihr sehen könnt, braucht ihr nicht mehr zu fürchten.

„Chi"
oder
Weitere „Irrtümer" eurer Sprache

Uns ist bewußt, daß dieses Kapitel großes Vertrauen von euch verlangt.
Dennoch ist es nicht erforderlich, daß ihr unseren Worten vertraut, da in Kürze ohnehin einige der euch unbewußten Manipulationen ihr „Haltbarkeitsdatum" überschritten haben und sich somit selbst entlarven werden.

Die Silbe „Chi" (gesprochen „Tschie", Anm. d. Verfassers), die ihr im weitesten Sinne als Ausdruck für die Energie des Lebens definiert, ist eine manipulierte Abwandlung der Silbe „Cha" (gesprochen „Tschah", Anm. d. Verfassers).

Schließt einmal eure Augen, und sprecht 12 mal mit geschlossenen Augen die Silbe „Chi" laut aus. Hört euch selbst über eure Ohren diese Silbe aussprechen, und fühlt in euch hinein.
Tut dies ohne Erwartungen, da ihr sonst das „Meßergebnis" durch eure Erwartungen verfälscht.
Sprecht nun wiederum 12 mal die Silbe „Cha" mit geschlossenen Augen aus. Auch dies tut wiederum ohne Erwartungen.
Fühlt in euch hinein, was ihr empfindet, und vergleicht dann eure Empfindungen in bezug auf die Silben „Chi" und „Cha".
Solltet ihr keinen Unterschied in eurer Empfindung gespürt haben, so versucht es immer wieder. Ihr werdet es fühlen.

Die Silbe „Cha" findet als Ausdruck in dem Begriff „Cha"-os Verwendung. Mit Chaos verbindet ihr eine Definition von Desorientierung und im weitesten Sinne Anarchie.
„Cha" als Definition des Bewußtseins des EINEN, also göttlicher Lebensenergie, definiert im ursprünglichen Sprachgebrauch jedoch die Neuordnung oder Umstrukturierung göttlichen Bewußtseins.

Die ursprüngliche „Gegenenergie" jedoch ist die Silbenzusammensetzung von „Cha" und „Sm" und „Os", also „Cha-sm-os", also der absoluten Ordnung des EINEN. Ihr verwendet dafür die Definition „Kosmos", was nun rein gar nichts mit der ursprünglichen Schwingung dieser Silben zu tun hat.

Durch die Neudefinition eurer Sprachen ist es den meisten von euch nicht einmal mehr möglich, zwischen „Chaos" und „Kosmos" einen Zusammenhang herzustellen.

Ganz ähnlich verhält es sich mit der Definition „Cha-ma", die wir in einer früheren Erzählung als „Char-ma" definiert haben, um den ähnlichen Klang dieses Wortes für euch beizubehalten.

„Cha" als Ausdruck des Bewußtseins des EINEN und „Ma" als Erfahrung im Bewußtsein des EINEN wird von euch als „Karma" definiert.

Karma ist für viele von euch noch immer als „Schuld auf sich laden" und „Schuld abtragen" definiert.

Schuld jedoch projiziert wiederum Angst und hindert euch daran zu handeln. Da ihr nicht wißt, was „richtig" und „falsch" ist, handelt ihr nicht, da ihr durch „falsches" Handeln wiederum Schuld auf euch laden könntet. Handelt ihr nicht, so unterbindet ihr Erfahrungen, die ihr unter Umständen dringend benötigen würdet, um alle Aspekte eures Seins miteinander verbinden zu können.

Somit schnappt die Falle der Bewußtseinsmanipulation wieder zu, und ihr sitzt wieder einmal fest..................

Links und rechts
oder
Das Phänomen eurer Gehirnhälften

Ständig seid ihr auf der Suche nach dem Lehrer, der euch endlich sagt, was ihr tun könnt, um endlich und ohne weitere lästige Zeitverzögerung euch selbst und damit auch eure „spirituellen Aufgaben" zu erkennen.

Ihr sucht nicht nach der Selbst-Erkenntnis, ihr sucht nicht nach euch selbst, ihr sucht lediglich nach neuen Regeln oder Dogmen, die euch helfen sollen „weiter" zu kommen. Ihr seid es seit jeher gewohnt, daß alles, vom dem ihr denkt, es würde euch weiterbringen, laut und aufdringlich sein muß. Ihr habt verlernt, auf die „kleinen" und leisen Dinge zu achten, und somit habt ihr euch wiederum ein weiteres Tor in euch selbst vermauert.

Noch immer sind viele von euch der Meinung, daß eure „spirituelle" Erleuchtung wie ein Donnerschlag kommen muß, und so haltet ihr euch die Ohren zu, damit euch im Falle des Falles euer Trommelfell nicht platzt.

Noch immer glauben viele von euch, daß das Licht des EINEN euch wie ein Blitzschlag treffen wird, und setzen sich dunkle Brillen auf, damit sie von dem hellen Licht nicht geblendet werden und sie unter Umständen dadurch in die Lage versetzt werden, sich das „spirituelle" Licht des EINEN in dem Moment, wenn es auf sie trifft, genau analysieren zu können.

Somit habt ihr euch selbst die Möglichkeit verbaut, das leise Klopfen eures höheren Selbst hören zu können, habt euch selbst der Aussicht beraubt, das kleine Licht eures höheren Selbst wahrnehmen zu können, das den weiten Weg durch eure innere Dunkelheit zu euch finden muß.

Da ihr nicht in euch selbst ruhen könnt, da ihr euer inneres Selbst noch immer nicht ergründet habt, so seid ihr an das „Außen" gebunden.

Ihr seid in euch selbst „zweigespalten". Wäre es euch möglich, euch selbst zu zerteilen, und ihr könntet auf diese Art und Weise eure beiden Körperhälften einzeln betrachten, so würdet ihr feststellen müssen, daß jede eurer Körperhälften ein völlig anderes Aussehen hat als eben die andere.

Ihr ordnet eure **rechte Gehirnhälfte** und eure **linke Körperhälfte** dem Gefühl oder der **Emotio** zu und eure **linke Gehirnhälfte** und eure **rechte Körperhälfte** dem Verstand oder der **Ratio** zu.

Im Grundsatz ist dies sogar zutreffend, jedoch weit komplexer, als ihr im Moment noch denkt.

Worauf ihr jedoch nicht achtet, ist das von uns beschriebene Prinzip des ständigen Ausgleiches von allem, was ist. In diesem Falle wird also die rechte Gehirnhälfte der linken Körperseite und die linke Gehirnhälfte der rechten Körperseite zugeordnet.

So habt ihr bei diesem Beispiel wiederum den Ausgleich von rechts und links und von links und rechts.

Eure beiden Gehirnhälften als Einheit bilden wiederum die Gesamtheit von Ratio, dem Verstand, und der Emotio, dem Gefühl. Beides befindet sich als materielle Manifestierung, nämlich als Gehirn, in eurem Körper. Dennoch ist, im weitesten Sinne, euer Gehirn als „Basis" eurer **körperlichen** Existenz für eure Denk- und Fühlprozesse verantwortlich.

Eure beiden Körperhälften und die ihnen zugeordneten Organe und Extremitäten sind wiederum die „ausführenden Organe" eurer Denk - und Fühlprozesse.

Nun betrachtet als ein Beispiel einmal eure Umgangsform mit eurer linken Körperhälfte. Als „Rechtshänder" seid ihr daran gewohnt, die meisten komplizierten Handhabungen mit eurer rechten Hand zu „erledigen". Braucht ihr für einen Vorgang beide Hände, so ist, von wenigen Ausnahmen abgesehen, die linke Hand eurer rechten „untergeordnet". Eure linke Hand ist zu einem „Hilfsinstrument" eurer rechten Hand degradiert worden.

Ihr seid als Menschen, die von sich glauben, sich spirituell entwickeln zu müssen, auf dem Wege, eure Gefühle zu „erwecken". Ihr habt erkannt, daß nur der Weg über eure „Geistigkeit" euch „vergeistigen" kann. Würdet ihr euer Gefühl eurem Geiste zuordnen, so könntet ihr allein schon an eurem eigenen Umgang mit „links" und „rechts" in und an eurem Körper erkennen, welcher Aspekt eurer Existenz in euch die Führung übernommen hat.

Den Linkshändern unter euch, die nun jubilieren ob der Tatsache, daß sie bereits alles mit „links" erledigen, sei an dieser Stelle jedoch gesagt, daß es sich bei ihnen im Prinzip genau umgekehrt verhält.

Könnt ihr aus unserer Geschichte etwas lernen?
Im Prinzip schon!

Wenn ihr beginnt, eure dunklen Brillen abzunehmen, und aufhört, euch die Ohren zuzuhalten, so wärt ihr in der Lage, aus den „kleinen" Dingen eures eigenen Verhaltens über euch selbst zu lernen.
Andererseits würde dieses Vorgehen von euch verlangen, daß ihr nicht nur beginnt, mehr auf euch selbst und euere eigenen Handlungen zu achten, sondern auch Verantwortung in der Form für euch selbst zu übernehmen, daß ihr das, was ihr dann über euch erkennt, in der Lage seid, für euch selbst anzunehmen und damit umzugehen.
Diese Umgangsweise mit euch selbst, dieses Sich-selbst-Beobachten-und-daraus-Lernen, würde bedeuten, daß ihr beginnen müßtet, von euch selbst über euch selbst zu lernen.
Wäre das, liebe Kinder des Lichtes und der Liebe, nicht zuviel von euch verlangt?

101 - oder
Der erste „Knackpunkt"
des morphogenetischen Feldes

Intelligenz definiert eure Wissenschaft als Eigenschaft, die sich an den rationalen Fähigkeiten eurer Existenz orientiert. So wurden Tests entwickelt, mit denen sich diese Fähigkeit eines Menschen in Punkten bewerten läßt. Was diesen Tests jedoch grundsätzlich fehlt, ist eine Skala, die sich auf die Liebesfähigkeit eines Menschen bezieht. Da für eure Gesellschaft die Fähigkeit zu lieben nur eine untergeordnete oder keine Rolle spielt, wird diese Fähigkeit nicht bewertet. Schließlich läßt sich mit tatsächlicher Liebe in eurer Zivilisation kein Geld verdienen.

Die Vorstellung, daß Energie, also etwas, das weder „sichtbar" noch „greifbar", also schlichtweg körperlos und damit für euer Denken absolut abstrakt ist, über mehr Intelligenz verfügen könnte als ihr selbst, ist euch nach wie vor suspekt.

Dennoch werdet ihr - so ihr von der weiteren Entwicklung und Entfaltung der Evolution nicht überrannt werden wollt - nicht umhin kommen, eure Kraft der Vorstellung weiterzuentwickeln und euch neue Wege des Denkens und Fühlens erschließen zu müssen.
Ihr werdet nicht umhinkommen, euch mit der Tatsache auseinanderzusetzen, daß das von euch propagierte Weltbild in keinster Weise auch nur annähernd der Wahrheit entspricht.

Ihr vollzieht lineare Denkabläufe. Ein Gedanke baut auf dem anderen auf. Der zweite Gedanke bezieht sich auf den ersten, und der dritte entsteht aus dem zweiten.
Im Prinzip ist dagegen nichts zu sagen. Dennoch ist das Informationspotential, auf dem der erste Gedanke aufbaut, von geringer Qualität und begrenzt aus diesem Grund die weiterführenden Gedanken.

Euer Gedankengut ist begrenzt durch eure Werte und vorgefaßten Meinungen. Diese, eure Werte und Meinungen sind wiederum geprägt durch die Strukturierung eurer Zivilisation und der damit verbundenen Desinformation, aus der abermals und zwangsläufig eine weitere Begrenzung eurer Gedankenfolge resultieren *muß*.

Würden wir euch nun erklären, daß die Wirkung eurer Naturgesetze aufgehoben wurde und ihr durchaus fähig wärt, Dinge zu tun, die noch vor einigen Jahren lediglich besonders veranlagten Menschen vorbehalten waren, so würden die meisten von euch uns keinen Glauben schenken.
Eure nächste Frage würde lauten: „Was muß ich tun, damit ich nicht mehr den Naturgesetzen unterworfen bin?"
Selbst wenn ihr dies dann tatsächlich erfahren würdet, müßtet ihr feststellen, daß ihr trotz intensiven Übens letztendlich nur unbefriedigende Ergebnisse erzielen würdet.
Anders würde sich diese Angelegenheit verhalten, wenn einer käme und euch beweisen würde, daß ihr alles tun könntet, indem er es euch vormacht.
Dennoch würden Zweifel bleiben, denn ihr wärt mit eurer Wertigkeit euch selbst gegenüber konfrontiert und müßtet aufgrund eures mangelnden Selbstwertgefühles feststellen, daß ihr nach wie vor nicht fähig wärt, über die Naturgesetze hinaus kreativ zu sein.
Außerdem, so würdet ihr euch vor euch selbst entschuldigen können, gibt es immer wieder Menschen, die über besondere Fähigkeiten verfügen, und unter Umständen würdet ihr sogar damit beginnen, diesen besonderen Menschen als Meister oder ähnliches zu verehren.

Die Vorstellung, daß Information oder Energie über eine eigene Intelligenz verfügen könnte, ist euch durchaus eine abstrakte, eine kaum nachvollziehbare Vorstellung.

Wollt ihr jedoch euer Weltbild verändern, so kommt ihr nicht umhin, auch in Betracht zu ziehen, daß Energie über Intelligenz verfügen kann, ja, daß Energie tatsächlich intelligent *ist*.

In eurer Existenzform muß alles in irgendeiner Form körperlich sein, damit ihr damit umgehen könnt.
Wie wollt ihr mit einem Informationsfeld umgehen, das ihr nicht greifen, nicht ansehen oder auf eine euch angenehme Art und Weise manipulieren oder euch zunutze machen könnt?
Im Prinzip sind eure Computer durchaus nützliche Gebilde, die euch eine Vielzahl von Denkabläufen abnehmen können. Dennoch bergen sie für euch und eure Kreativität auch Gefahr. Solange ihr den Computer beherrscht und ihn als Werkzeug ansehen könnt, seid ihr in der Lage, euch dieses Werkzeuges zu bedienen.
Seht ihr jedoch die von euren Wissenschaftlern konstruierten Denkmaschinen und deren Berechnungen, die ausschließlich an dreidimensionalen Informationsvorgängen orientiert sind, als das eine und einzige an, so werdet ihr in eurer weiteren Entwicklung gehemmt sein.
Eure Computer berechnen die Auswirkungen eurer Umweltverschmutzungen. Dadurch stellen sie fest, daß aus der Verschmutzung eurer Umwelt eine Klimaveränderung resultiert, die durchaus in einer Klimakatastrophe enden *könnte*. Diese Klimakatastrophe wiederum könnte die Ursache für gewaltige Naturkatastrophen werden, die einen Großteil der Menschheit vernichten.
Das Aussterben eines Großteiles der Menschheit wiederum würde eine Veränderung der planetaren Machtverhältnisse nach sich ziehen, die wiederum Auswirkungen auf die unterschiedlichsten Vorgänge haben kann.

Die Liste der theoretischen Möglichkeiten und Wahrscheinlichkeiten, die noch dazu in genauen Prozentzahlen berechnet werden können, würden wir noch beliebig lange fortsetzen können.
Eure Computer sind Denkmaschinen, deren einzige Fähigkeit darin besteht, Berechnungen aufgrund von vorhandenen und in

den Computer eingegebenen Daten zu berechnen und auszuwerten.

Wenn jedoch die eingegebenen Daten bereits fehlerhaft sind, wie wird dann das Ergebnis aussehen?
Eure Computer unterscheiden lediglich zwischen zwei Zuständen. Sie unterscheiden zwischen dem Zustand „Wahr" und „Falsch" oder zwischen dem Zustand „0" und „1".
Die Basis aller Computerberechnungen basieren auf einem Gerät, das lediglich vorhandene Daten auf der Basis von „1" und „0" auswerten kann, nämlich dem Computer.
Eure Computer verfügen über keinerlei eigene Intelligenz, obwohl eure Wissenschaft durchaus eine Vielzahl von Experimenten in dieser Richtung durchführt.
Euren Computern fehlt das eigene Bewußtsein, und so sind eure Denkapparate auf die Informationen angewiesen, mit denen sie von rational denkenden Menschen gefüttert werden.

Der einzige und tatsächlich bedeutsame Aspekt fehlt diesen Maschinen und den Menschen, von denen sie konstruiert werden, völlig: **der Aspekt des Bewußtseins**.

Jede existierende und sich selbst bewußte Lebensform verfügt über ein persönliches morphogenetisches Feld, in dem alle Informationen gespeichert, verarbeitet und weitergeleitet werden, die mit der Existenz dieser Lebensform unmittelbar verbunden und ihr aufgrund ihrer Existenzform untergeordnet sind.
So verfügt jeder Mensch über ein morphogenetisches Feld, in dem alle Informationen aus all seinen Inkarnationen enthalten sind. Ebenso in diesem Informationsfeld enthalten sind alle Informationen der mit der menschlichen Existenz verbundenen Körperzellen, ja sogar die Informationen aller im menschlichen Körper vorhandenen Atome.
Jegliche Information, die in irgendeiner Form mit der Existenz dieses einen Menschen zu tun hat, ist in diesem Informationsfeld unauslöschlich enthalten.

Ebenso verhält es sich mit eurem Planeten. Auch euer Planet verfügt über ein persönliches Informationsfeld, in dem alle Informationen enthalten sind, die aus seiner eigenen Existenz resultieren.

Gleichermaßen enthält das morphogenetische Informationsfeld **alle** Informationen aller auf und in ihm existierenden Lebensformen.

Alle dem Planeten untergeordneten Lebensformen haben die Möglichkeit, sich bewußt oder unbewußt in das Informationsfeld des Planeten „einzuklinken" und Daten oder Informationen daraus zu entnehmen. Ebenso werden ständig bewußt oder unbewußt in jeder Sekunde eine für euch unvorstellbare Anzahl von Daten in das Informationsfeld des Planeten übermittelt.

Ein ständiger Fluß von Information (oder Energie) findet zwischen eurem Planeten und euch statt.

Das, was ihr als das Massenbewußtsein bezeichnet, ist nichts anderes als eure Verknüpfung untereinander über das morphogenetische Informationsfeld eures Planeten.

Ihr seid während eurer Inkarnation, ob ihr dies nun wollt oder nicht, mit der Intelligenz, mit dem Bewußtsein eures Planeten, untrennbar verbunden.

Solange ihr euch dieser Vorgänge **nicht** bewußt seid, nehmt ihr alles an Information aus dem Massenbewußtsein in euch auf.

Teilweise werden eure persönlichen Bewußtseinszustände durch die Energien des Massenbewußtseins überlagert. Stehen die Informationen aus dem Massenbewußtsein im Widerspruch zu euren eigenen inneren Überzeugungen, so entsteht in euch, bezogen auf einen konkreten Informationszustand, ein gegengerichtetes Energiepotential.

In manchen Fällen führt dies zu körperlichen Unwohlseinszuständen.

Die unendliche Müdigkeit, die viele von euch verspüren, hat zum Teil mit diesen Vorgängen zu tun, da ihr durch eure Bewußtwerdung damit beginnt, euch gegen das Massenbewußtsein „abzuschotten". Ihr klinkt euch aus dem unbewußten Informationsfluß des Informationsfeldes eures Planeten **in** euch hinein aus. Dennoch gelingt euch dies nur zu einem geringen Teil. Da eure Bewußtwerdung in Diskrepanz zum Massenbewußtsein steht, leidet ihr unter dieser geistigen Anstrengung und fühlt euch oftmals ausgelaugt und „völlig ohne Grund" ständig übermüdet.

Im Massenbewußtsein eures Planeten ist der Hort eurer destruktiven Manipulation angesiedelt. Ihr solltet diese jedoch nicht der äußerst liebevollen Lebensform anlasten, die euer Planet darstellt.
Die wahrhaft Mächtigen, die „Besitzer" eures Planeten, sind sich der Möglichkeiten der energetischen Manipulation bewußt und haben so eine hervorragende Möglichkeit, euch über das Massenbewußtsein in gewünschter Weise zu beeinflussen.
Stellt euch ein morphogenetisches Informationsfeld der Einfachheit halber als einen gigantischen Computer vor, der über keinerlei körperliche Erscheinungsform verfügt.
Die Tastatur, mit der dieser Computer bedient wird, befindet sich in eurem Geist. In dem Augenblick, in dem ihr einen Gedanken denkt und im tiefsten Inneren tatsächlich von diesem Gedanken überzeugt seid, bedient ihr diesen Computer und euer Gedanke wird ohne jeden Zweifel Wirkung zeigen.

Wie ein Computer kann der Teil des Informationsfeldes des Planeten programmiert werden, der mit den ihm untergeordneten Lebensformen, also beispielsweise auch euch, solange ihr euch auf eurem Planeten inkarniert habt, zu tun hat.
Es ist durchaus nicht notwendig, durch aufwendige Maßnahmen oder durch immenses Energiepotential eine Programmierung dieses Informationsfeldes durchzuführen.

Damit tatsächliche Veränderungen im Massenbewußtsein stattfinden können, ist es lediglich erforderlich, eine gewisse Anzahl
von Menschen zu finden, die, bezogen auf einen Aspekt eurer
Existenz, der gleichen Überzeugung sind.
Die erste Anzahl von Überzeugungen, die erforderlich ist um eine Information in das Massenbewußtsein zu programmieren, ist
die „*101*".

Sind also 101 Menschen zu einer Überzeugung gelangt, die für
diese Menschen **absolut unzweifelhaft** ist, so leitet dies Veränderungen im Informationsfeld des Planeten ein. Dabei spielt es
keinerlei Rolle, ob diese Menschen miteinander zu tun haben
oder nicht. Es spielt auch keinerlei Rolle, wo auf eurem Planeten
sich diese Menschen aufhalten.

Die „101" ist im Prinzip nichts anderes als eine Form eines Binärcodes, mit dem auch eure Computer arbeiten.
Anders als bei euren Computern jedoch ist die Möglichkeit der
Binärcodes im Informationsfeld einer sich selbst bewußten Lebensform nicht auf die „1" und die „0" beschränkt. Die Möglichkeit, nahezu unendliche Zahlenreihen, bestehend aus „1" und
„0" aus unendlichen Kombinationsmöglichkeiten zusammenzu-
stellen und damit Informationen auszudrücken, ist bei sich selbst
bewußten Lebensformen, je nach ihrem Bewußtseinsstand, bis
zu der Zahl „12" erweiterbar.
Die Fähigkeit, Binärcodes von „0" bis hin zur „12" in unendlichen Reihen und Kombinationen darzustellen und zu erschaffen,
ist jedoch lediglich dem EINEN vorbehalten, da dies der Schlüssel des Lebens ist.
Zugegebenermaßen ist in diesem Falle die Bezeichnung
„Binärcode" nicht mehr zutreffend, da diese Definition sich lediglich auf Kombinationsreihen der „1" und der „0" beziehen.

Damit ihr tatsächlich verstehen könnt, was wir euch erzählen,
müßt ihr euch bewußt machen, daß jeglicher Bewußtseins- oder
Informationszustand durch Zahlen dargestellt werden kann.

106

Tatsächlich verhält es sich so, daß Bewußtseinszustände durch Zahlen repräsentiert werden.
Ein Bewußtseins- oder Informationszustand ist im Prinzip nichts anderes, als eine Aneinanderreihung von Zahlen in unendlicher Kombinationsmöglichkeit.
Beispielsweise definiert die Zahlenreihe „11 00 10 1" einen bestimmten, relativ einfachen Denkvorgang.
Ändert ihr die Zahlenkombination in „11 00 10 0", so habt ihr diesen Denkvorgang bereits verändert.

Eure rationalen Denkvorgänge beziehen sich, ebenso wie bei einem Computer, auf Zahlenkombinationen aus der „0" und der „1".
Zugänglich ist euch jedoch auch die Zahl „2". Dennoch wird von dieser Zahl, die einen weiteren Bewußtseinzustand definiert, kaum Gebrauch gemacht.

Um diese Vorgänge tatsächlich verstehen zu können, müßtet ihr multidimensional denken können.
Zahlenbewußtsein ist für eure weitere Entwicklung von wesentlicher Bedeutung. Dennoch ist Zahlenbewußtsein äußerst komplex und basiert auf einer Vielzahl von Ebenen.
Um ein Verständnis der Komplexität des Zahlenbewußtseins zu erlangen, stellt euch ein Schachbrett vor, das nicht nur über 64 Felder, sondern über 144.000 Felder verfügt. Erschwerend kommt noch hinzu, daß nicht nur auf einer Ebene gespielt wird, sondern auf 12 Ebenen.
Die Möglichkeiten eures Verständnisses sind hier sehr begrenzt.

Wir sind der Überzeugung, daß dieses Thema für unsere weitere Erzählung von Bedeutung ist.
Seid nicht frustriert, wenn ihr nicht tatsächlich verstanden habt.
Selbst die Größten eurer Mathematiker würden verzweifeln ob der Möglichkeiten und Entwicklungen, die sich aus diesen Kombinationen ergeben könnten. Selbst sie müßten für ihre Be-

rechnungen einen Computer verwenden, der jedoch diese Anzahl von Informationen ebenso nicht verarbeiten könnte.

Es ist lediglich für euch von Bedeutung, daß ihr einen Eindruck
der Komplexität eures Seins erhaltet.
Es ist für eure weitere Entwicklung lediglich erforderlich, daß
ihr eine Form des Verständnisses erlangt, daß ihr weitaus mehr
seid als eine Ansammlung von Atomen und Körperzellen, die
auf mysteriöse Art und Weise zusammengehalten werden.

Im Prinzip, liebste Kinder des Lichtes, seid ihr euch selbst bewußte Energieformen, die dies lediglich vergessen haben.

Noch mehr Verwirrung mit Zahlen

Nachdem es uns nun gelungen ist, euch mit unserer Geschichte über Binärcodes vollständig zu verwirren, möchten wir euch nun behilflich sein, wieder etwas mehr Ordnung in eure Gedanken (oder Zahlenreihen?) zu bringen.

Gedanken und Gefühle lassen sich also durch Kombinationen von Zahlen ausdrücken.
Im Prinzip haben Zahlen in eurer Schwingungsebene oder Dimension eine klar definierte Funktion. Die Bedeutung der Zahlen haben wir euch bereits in unserer ersten Erzählung („Wege ins Licht-Das Erwachen der Götter", Anm. d. Verfassers) gegeben.

Das mit den Zahlen verbundene Bewußtsein ist äußerst komplex und für eure Denkschemen nur schwer nachzuvollziehen.
Zahlen verwendet ihr in der Regel lediglich dazu, um etwas zu berechnen. Ihr arbeitet mit Zahlen, ohne euch ihrer Bedeutung für euch selbst bewußt zu sein.
Viele alte Kulturen eures Planeten wußten ob der Bedeutung des Zahlenbewußtseins. Ihr könntet euch altes Wissen zugänglich machen und entschlüsseln, wärt ihr euch der Bedeutung des Zahlenbewußtseins im klaren.

Vereinfachtes Zahlenbewußtsein ist Geometrie. Geometrie wandelt Zahlenbewußtsein in für euch erfaßbare Information um.
Die Geometrie holt die Komplexität des Zahlenbewußtseins in die für euch verständliche Dreidimensionalität, ohne dabei an Bedeutung zu verlieren.
Durch die bewußte Anwendung und Nutzung der Geometrie werdet ihr in die Lage versetzt, Zahlenbewußtsein für eure Evolution und für euren persönlichen Nutzen einzusetzen.

Verwendet ihr symmetrische, also gleichgerichtete Geometrie, so erhaltet ihr klare Informationen.

Asymmetrie, also ungleiche Geometrie, bedeutet verschobene oder ungleichgerichtete Information.
Beides kann für euch von Vorteil sein, wenn ihr euch über die Bedeutung der Geometrie bewußt geworden seid.

Es kommt die Zeit, in der immer mehr Menschen ihre Erinnerung zurückgewinnen. Verbunden mit diesen Erkenntnissen wird eine Form der Technologie entwickelt werden, die wir an dieser Stelle mit „Bewußtseinstechnologie" bezeichnen möchten.
Diese Form der Technologie, wird euch behilflich sein, eure Erinnerung an Vergangenes und Zukünftiges zurückzugewinnen. Doch seid auf der Hut. Nicht alles, was ihr als Bewußtseinstechnologie finden werdet, wird euch in eurem Weiterkommen fördern.

Ihr werdet nicht umhinkommen zu lernen, mit eurem Gefühl zu entscheiden.
Bei eurer Entscheidungsfindung der kommenden Zeit werdet ihr auf euch selbst gestellt sein. Ihr müßt lernen, auf euch selbst zu vertrauen.

Doch seid nicht ängstlich. Ihr seid, wer ihr seid.

Die Zeit und die dritte Dimension

In eurer Wahrnehmung verläuft die Zeit in der dritten Dimension linear. Dies bedeutet, daß ein Ablauf oder Geschehnis dem anderen folgt.

In euren Filmproduktionen gab es eine Technologie, die den linearen Ablauf mehrerer Geschehnisse besonders verdeutlicht, die jedoch heute nur noch in einigen wenigen Fällen eingesetzt wird - den 16mm Film. Für die Hobbyfilmer unter euch wurde diese Technologie auf den 8mm Film abgeändert.

Nehmt ihr einen solchen 8mm- oder 16mm-Film in die Hand und betrachtet ihn nicht durch einen Projektor, so würdet ihr feststellen, daß dieser Film aus einer Folge von einzelnen Momentaufnahmen besteht. Wird nun dieser Film in einen Projektor eingelegt und mit einer bestimmten Geschwindigkeit an der Projektionslinse dieses Gerätes vorbeigespult, so nimmt euer Auge eine fortlaufende Bewegung wahr - ihr seht Bewegungsabläufe, die ihr in eurem Gehirn als mehr oder weniger reale Situation empfindet.

Da für eure Form der Realität der Faktor Zeit von äußerster Bedeutung ist, habt ihr zur Zeit ein durchaus merkwürdiges Verhältnis.

Im Prinzip ist die Zeit nichts anderes als eine Form der Orientierungshilfe. In euren Denkmustern ist jedoch der Faktor Zeit mit einigen euch unbewußten Informationen versehen. Für euch vergeht die Zeit. Sie vergeht im Flug oder dehnt sich wie ein alter Kaugummi.

Das Empfinden, das ihr mit dem Faktor Zeit verbindet, ist durchaus individuell unterschiedlich, je nachdem in welcher Stimmung ihr euch gerade befindet oder was eben gerade in dieser Situation mit dem Faktor Zeit für euch verbunden ist.

Erlebt ihr schöne Momente, so vergeht die Zeit wesentlich schneller. Seid ihr gerade in einer unangenehmen Situation, so scheint die Zeit unendlich langsam zu vergehen. Eure Zeitmesser verlaufen jedoch nach wie vor linear. Sie zählen eine Sekunde nach der anderen und eine Minute nach der anderen und eine Stunde nach der anderen.

Was also läßt euch Zeit unterschiedlich intensiv empfinden?

Für euch ist völlig klar, daß ihr mit zunehmendem Alter, besonders wenn ihr vierzig Jahre überschritten habt, ein Wehwehchen nach dem anderen bekommt.
Es ist für euch völlig klar, daß ab einem bestimmten Alter eine Falte sich zu der anderen gesellt, euer Hüftumfang immer größer wird und eure Zähne sich der Reihe nach verabschieden. Die Haare der Männer werden spärlicher, und die Brüste der Frauen beginnen sich der Schwerkraft unterzuordnen.

Für euer Denken und Empfinden ist dies völlig normal.

Und genau dies ist der Grund, warum es sich so verhält. In eurem Denken ist die Information verankert, daß Zeit und euer zunehmendes Altern mit dem einen oder anderen Vorgang untrennbar verbunden ist.
Ihr seid auf der Suche nach einer Pille, die es euch ermöglichen soll, jung, schön und begehrenswert zu bleiben.
Wäre euch bewußt, daß euer größtes Problem euer lineares Denken ist, so wärt ihr in der Lage, eine Vielzahl von Situationen und Gegebenheiten eures Lebens ohne Pillen und Meister zu verändern.
Ihr könntet Situationen und Gegebenheiten durch das Verändern eurer Denkschemen neu kreieren und damit eine völlig veränderte Basis für euer weiteres Leben auf eurem Planeten schaffen.

Da es sich mit euren Denkschemen ähnlich verhält wie mit eurem Zeitempfinden, habt ihr jedoch bereits hiermit schon wieder ein Problem.
Kaum seid ihr mit einem Gedanken oder einer Vorstellung konfrontiert, die euch einen neuen Denkanstoß vermittelt, sucht ihr in den Speichern eurer Gedächtnisse umgehend nach Informa-

tionen, die euch helfen könnten, eure Informationslücke zu schließen.

Findet ihr in euren Gedächtnisspeichern zu dieser Thematik keine Informationen, die euch befriedigen, sucht ihr euch Informationsquellen außerhalb eures eigenen Gehirns zu erschließen.

Ihr sucht nach Büchern oder ähnlichen Informationsquellen, bis ihr euer Informationsdefizit ausgleichen könnt. Damit ihr einen Vorgang verstehen, also gedanklich nachvollziehen könnt, müßt ihr euch in die Lage versetzen, einen Gedanken an den anderen reihen zu können, bis ihr wiederum einen linearen Gedankengang entwickelt habt.

Dann, und erst dann, macht es in eurem Gehirn „klick", und ihr seid überzeugt, wiederum einen Schritt in eurer spirituellen Entwicklung weitergekommen zu sein. Euer Verstand ist befriedigt, hat er euch doch wieder einen Schritt in die richtige Richtung gebracht.

Was euch in diesem Falle jedoch nicht einmal annähernd bewußt wurde, ist die Tatsache, daß ihr auf eurer Suche nach Information einen euch weitestgehend unbewußten Teil eurer mehrdimensionalen Wahrnehmung öffnet und unbewußt Verbindung mit dem morphogenetischen Informationsfeld eures Planeten aufgenommen habt.

Damit jedoch tappt ihr wiederum in eine Falle. Denn einige Inhalte dieses Informationsfeldes sind mit Unwahrheiten verfälscht worden.

Kommen wir zurück zu unserem Beispiel mit euren Alterserscheinungen.

Euer Körper wäre durchaus in der Lage, einen wesentlich längeren Zeitraum ohne wesentliche Schwierigkeiten zu überstehen, als dies eben auf eurem Planeten der Fall ist.

Die meisten eurer Körperzellen werden im Laufe eures Lebens mehrmals erneuert. Dies würde im Prinzip bedeuten, daß ihr eigentlich in der Lage sein müßtet, euren Körper nicht nur länger am Leben zu erhalten, sondern es müßte euch im Prinzip auch

möglich sein, die Vitalität und Gesundheit eures Körpers wesentlich länger zu erhalten.
Ist jedoch nun im morphogenetischen Feld eures Planeten die Information

„vergangene Zeit = körperlicher Verfall"

enthalten, so werdet ihr mit dieser Information und deren Auswirkungen auf euch und euer Leben ganz einfach konfrontiert sein.

Im Prinzip ist das mit dieser Fehlinformation versehene „Thema" des morphogenetischen Feldes nicht das Problem. Die tatsächliche Schwierigkeit für euch Menschen des Planeten Erde ist die Unfähigkeit, euch selbst und eure eigenen Fähigkeiten anzunehmen und sie damit schlichtweg als nicht vorhanden „abzuhaken".

Ihr zieht es nicht einmal ansatzweise in Betracht, daß alles, was ihr als dreidimensionale Realität erlebt, eine Täuschung sein könnte. Damit entzieht ihr euch selbst eine Möglichkeit, die für euch ungeahnte konstruktive Veränderungen herbeiführen könnte.

Ihr möchtet schon gerne dabei sein bei dem Übergang in eine hohe Schwingungsebene.
Doch seid ihr auch bereit, dafür etwas zu tun?
Ihr seid bequem geworden im Laufe eurer Inkarnationen. Ihr seid müde geworden und möchtet euch gerne transformieren _**lassen**_.
Ihr hättet gerne jemanden oder etwas, das zu euch kommt, euch in dem Arm nimmt und sagt: „Komm, Freund, ich werde Dich nun transformieren........................".

Ihr sitzt noch immer da und wartet auf den Erlöser, den Einen, der versprochen hat, wiederzukehren und euch zu erlösen.

Und weil ihr noch immer dasitzt und auf den Einen wartet, der versprochen hat wiederzukehren, wartet ihr auf ein körperlich inkarniertes Lebewesen, das, würde es tatsächlich auftauchen, von euch nicht tatsächlich akzeptiert werden würde, da es *eurer* Vorstellung des Erlösers wieder nicht entsprechen würde. Was ihr aufgrund dessen wiederum nicht bemerkt, ist die Tatsache, daß die *Energie des Erlösers* schon lange bei euch ist.

Einige von euch sprechen von der *Christusenergie*.
Diese Energie hat bereits Platz genommen in dem Informationszentrum eures Herzens, das ihr als Herz-Chakra bezeichnet.

Ihr könntet die unendliche Liebe dessen, den ihr als Erlöser bezeichnet, in euch spüren und wirken lassen.
Doch ihr könnt und *wollt* es nicht glauben, da ihr durch eure Denk- und Glaubensmuster darauf bestehen wollt, daß der Erlöser, euren Wünschen gemäß, gefälligst körperlich zu erscheinen hat.

Euer Sicherheitsdenken nagelt euch fest auf eurem Stuhl und euer Hinterteil ist nicht mehr fähig, sich zu erheben und euch auf einen Weg zu begleiten, der euch aus der Linearität eurer Existenz in die Multidimensionalität eures Seins katapultieren könnte.

Ihr durchlebt eine Phase der Evolution, in der sich die Möglichkeiten der dritten Dimension und der fünften Dimension begegnen. Ihr durchlebt die vierte Dimension, ohne euch tatsächlich die Möglichkeiten dieser Dimension nutzbar machen zu können, da ihr nur einen schmalen Tunnel, einen Durchgang, benutzt, um euch immer mehr der fünften Dimension anzunähern.

Kinder des Lichtes, noch lebt und erlebt ihr die Linearität der Zeit. Ab und zu, für einen kleinen Moment kann der eine oder andere von euch die Multidimensionalität der Zeit erblicken oder erfahren.

Doch noch immer verläuft Zeit für eure Wahrnehmung linear. Nutzt die Möglichkeit, die euch diese Situation bietet. Laßt die Vergangenheit hinter euch. Seht sie euch, wenn ihr das Bedürfnis habt, noch einmal an, damit ihr sie anschließend einfach loslassen könnt.

Die Vergangenheit ist für euch vorbei. Sie existiert für euch nur noch in eurem Gedächtnis.

Vor euch liegt die Zukunft. Doch auch sie ist für euch noch unerreichbar. Die Zukunft beginnt mit dem Augenblick, der dem JETZT folgt.

Das JETZT, das gerade das Jetzt ist, wird im nächsten Moment schon die Vergangenheit sein.

Versucht, Kinder des Lichtes, die Vergangenheit hinter euch zu lassen, und lebt den Augenblick. Erlebt jeden Moment eurer Gegenwart als den einzig realen Moment, und ihr werdet feststellen, daß die Schrecken der Vergangenheit ihren Einfluß verlieren und das Dunkel der Zukunft dem Licht der Erkenntnis weicht.

Das Jetzt, Kinder des Lichtes, ist der einzige Augenblick der Linearität, der für euch tatsächlich von Bedeutung ist.

Ihr seid eingehüllt, Kinder des Lichtes, in den Mantel der unendlichen Liebe des EINEN.

Die Manipulation durch die Wesen der Dunkelheit

Niemand, ihr lieben Menschen, hat euch versprochen, daß das, was zu tun ihr euch vorgenommen habt, leicht und einfach sein würde.

Dennoch wart ihr bereit, als eine Art „Sondereinsatzkommando" einige Inkarnationen auf dem Planeten zu verbringen, um euch an die Gegebenheiten und dreidimensionalen Strukturen zu gewöhnen, damit ihr, wenn die Zeit des Wandels gekommen ist, für eure Aufgabe bereit seid.

Im Prinzip bilden euer materieller Körper, eure Energiekörper und euer Geist eine in sich geschlossene Einheit. Diese Einheit wäre, gäbe es da nicht einige Einschränkungen, eine uneinnehmbare Festung. Zusätzlich gibt es einige „fehlerhafte Systeme" in dieser Einheit.

Das schwächste Glied in der Kette eures internen Energiesystems ist euer Körper, der während eurer dreidimensionalen Inkarnation neben eurem Geist der Hauptaspekt eures Seins ist.

Durch eine jahrtausendealte Genmanipulation wurde ein Teil eurer 12-strängigen DNA abgetrennt.
Dies hatte zur Folge, daß ihr aus dem Teil des planetaren morphogenetischen Informationsfeldes abgetrennt wurdet, das euch Zugang zu „geistiger" Information gegeben hätte.
Damit wurdet ihr an eine rein körperliche Existenz gebunden.
Ihr wurdet von eurem „Zentralcomputer" abgetrennt, der euch Zugang zu den Informationen dessen gegeben hätte, was ihr heute als die „geistige Welt" definiert, und ihr wurdet zu einer rein materiell existierenden Spezies verurteilt.
Es war euch, von einigen Ausnahmen abgesehen, nicht mehr möglich, Kontakt zu höheren Wesenheiten oder zu eurem eigenen höheren Selbst aufzunehmen, und ihr mußtet infolgedessen das an Information zu euch nehmen, was euch aus dem für euch

noch zugänglichen Teil des morphogenetischen Feldes eures Planeten zur Verfügung stand.

Dieser euch noch verfügbare Teil des morphogenetischen Planetenfeldes, das dreidimensionale Massenbewußtsein, ist „zufällig" auch gerade der Teil, der sich ohne große Schwierigkeiten programmieren und nach Wunsch umgestalten läßt.

Um eine einfach Manipulation des Massenbewußtseins durchführen zu können, würdet ihr 101 Menschen benötigen, die nichts anderes tun müssen, als einfach von einer „Sache" absolut überzeugt zu sein. Entscheidend ist, daß diese Menschen nicht, durch spezielle Meditationstechniken oder ähnliches *versuchen* ihre Überzeugung in das Informationsfeld eures Planeten einzuspeisen, sondern daß diese Menschen schlicht und einfach zu einer *absoluten und unzweifelhaften inneren Überzeugung* gekommen sind.
So, wie ihr wißt, daß Rot für euch Rot ist, und so, wie ihr überzeugt seid, daß euer Herz schlagen muß, damit eure Inkarnation nicht beendet wird, so überzeugt und ohne jeden Zweifel müßt ihr sein.

Mehr braucht ihr nicht zu tun !

Jegliche Technik, jeglicher Gedanke, der eure Überzeugung nochmals bekräftigen soll, sind lediglich Zeichen dafür, daß ihr eurer eigenen Überzeugung nicht vertraut.
Ihr könnt das morphogenetische Feld eures Planeten nicht „austricksen". Ihr übertragt in jedem Bruchteil einer Sekunde mehrmals euren gesamten Bewußtseinsinhalt in das Informationsfeld.
Alle eure Überzeugungen, seien sie euch nun selbst bewußt oder nicht, werden in das Feld übertragen und aus diesem Feld heraus weiterverarbeitet.
All eure Ängste, all eure Zweifel, all eure unerledigten Haß- oder Zorngefühle, all eure verdrängten Probleme, all das, was

bewußt oder unbewußt unverarbeitet in euch schlummert, ist Teil eures menschlichen, dreidimensionalen Bewußtseins und wird so lange als Information in das Informationsfeld übermittelt, bis ihr es in euch selbst verarbeitet und somit „erlöst" habt.

Nun, wenn es nun 101 Menschen gelungen ist, eine ihrer inneren Überzeugungen zu wandeln, wobei es nur eine untergeordnete Rolle spielt, in welchem Zeitraum diese 101 Menschen ihre Überzeugung gewinnen, so leitet dies in dem morphogenetischen Informationsfeld einen Wandlungsprozeß ein.
Es steht somit all den Menschen, die für diesen Bereich von Informationen geistig geöffnet sind, neues Informationsmaterial zur Verfügung, und sie rufen, meist unbewußt, diese Information ab und integrieren sie in ihr eigenes Informationsfeld.
Somit wiederum wird der Kreis derer immer größer, für die diese Information zur Verfügung steht.
Die nächsten Stufen des Informationsfeldes sind die „1001", die „10101", die „100100" und die „1001001". Sind 1001001 Menschen zu einer übereinstimmenden Überzeugung gelangt, wobei es keinerlei Rolle spielt, ob diese Menschen sich jemals in ihrem Leben begegnet sind oder nicht, so steht allen weiteren Menschen diese Überzeugung als „normale" Information zur Verfügung.

Anstelle von 101, 1001, 10101 usw. Menschen läßt sich mit gigantischem Energieaufwand auch eine Manipulation des Massenbewußtseins mit sich selbst *nicht* bewußter, also künstlich erzeugter Energie durchführen.
Alle Kraftwerke eures Planeten wären nicht in der Lage, den Informationsstand der 10101 zu imitieren.

Einfacher ist es also, die gewünschte Information mit einer bestimmten Form der Schwingung zu codieren und somit nur für diejenigen zugänglich zu machen, die sich für derartige Themen interessieren, also dafür „offen" sind.

Wesentlich einfacher ist es jedoch, Mittel und Wege zu finden, um euch selbst so weit zu bringen, daß ihr euch von etwas oder jemand überzeugt fühlt.

So dient beispielsweise eure Werbung der destruktiven Manipulation. Nicht, weil sie euch unbedingt auf bestimmte Produkte fixiert, die ihr kaufen sollt, sondern weil sie euch unterschwellige Botschaften übermittelt.

Ein weiterer Weg der Manipulation eures Bewußtseins ist derjenige, daß eure Ängste gegen euch gerichtet werden, indem ihr Information erhaltet.

Im Prinzip, wir haben euch dies bereits mitgeteilt, seid ihr in euch abgeschlossene Energiesysteme, die für Außenstehende kaum zu „knacken" sind. Ihr tragt, so ihr ohne Furcht seid, einen Energieschutzschirm um euch, den nichts durchdringen könnte, was ihr nicht selbst haben wollt.

Genau dies jedoch ist auch eure „Schwachstelle".

Tragt ihr in euch die Angst, von den „bösen" Wesen manipuliert zu werden, so richtet ihr eure „Bewußtseinssensoren" genau auf diese Art von Information aus. So wird nun genau von dem- oder denjenigen, die daran interessiert sind euch zu manipulieren, eine oder mehrere Informationen ausgestreut, die euch genau in eurer Angst bestätigen.

Wir möchten dies an einem Beispiel erläutern. Aufgrund bestimmter Vorgänge gehen viele von euch davon aus, Opfer von hochenergetischen Angriffen der „dunklen" Wesenheiten werden zu können.

Dies ist ein Gefühl der Angst, das eben diejenigen in sich tragen. Dieses Gefühl der Angst jedoch öffnet in eurem energetischen Schutzmantel ein Tor.

Ihr richtet eure Aufmerksamkeit auf eben genau die Vorgänge, von denen ihr denkt, sie hätten mit Manipulation von Energien zu tun. Nun tritt ein Phänomen in Kraft, das euch in eurer Angst genau das liefert, was ihr eigentlich haben wolltet, nämlich hochenergetische Angriffe gegen eure Person.

Jedoch werdet ihr nicht angegriffen, weil ihr aufgrund eurer besonders hohen Schwingung beseitigt werden sollt, sondern ihr habt euch selbst gegenüber dieser Erfahrung geöffnet, und euch wird eben genau die Erfahrung geschenkt, die ihr „haben wolltet".

Das morphogenetische Feld unterscheidet und bewertet nicht eure einzelnen Überzeugungen, sondern nimmt die Summe eurer bewußten und unbewußten Überzeugungen und beschert euch in seiner bedingungslosen Liebe eben die Erfahrung, die ihr selbst in dieses Feld hineinprojiziert habt.
Ihr beschert euch euren hochenergetischen Angriff selbst. Im Prinzip habt ihr euch selbst angegriffen und euch schachmatt gesetzt.

Ihr habt nicht einmal ansatzweise eine Vorstellung davon, welche gigantischen Energiepotentiale in das morphogenetische Feld projiziert werden müssen, um einen Menschen für kurze Zeit zu blockieren. Zudem gibt es innerhalb des morphogenetischen Energiefeldes noch eine Art von persönlichem Schutzfeld, über das jede einzelne Lebensform verfügt, das massive Manipulationen, die auf ein einzelnes Wesen ausgeübt werden sollen, weitestgehend unterbindet.

Warum, glaubt ihr, wird ein so immenser Aufwand von euren Medien betrieben, um euch zu desinformieren und zu manipulieren, wenn es denn so einfach wäre, euch alle, die ihr euch auf dem Weg der Bewußtwerdung befindet, einfach „auszuschalten"?

Viele von euch fürchten sich vor dem „H.A.A.R.P.-Projekt", das erst kürzlich in euren Medien groß bekannt gemacht wurde.
Dabei geht es im Prinzip um eine Bewußtseins-Manipulationsmaschinerie im großen Stil, deren Aufgabe es sein soll, euch alle ruhigzustellen und euch zu „nützlichen" Mitgliedern eurer Zivilisation zu machen.

So wird diese Maschinerie derzeit dazu eingesetzt, um die Bewußtseine zu manipulieren, die dafür geöffnet sind. Ist euch noch nie aufgefallen, daß gewisse „negative" Ereignisse seit einiger Zeit immer konzentriert auftreten?

Allein die Tatsache, daß die Information über das „Harp-Projekt" ausgegeben wurde, hat bei vielen von euch dazu beigetragen, sich diesen Energien gegenüber zu öffnen.
Dies war eben auch der Grund, warum gerade dieses bisher absolut geheimgehaltene Projekt plötzlich „aufgedeckt" wurde. Es verfügt nämlich über das Problem, nicht funktionieren zu können, wenn die Bewußtseine nicht für diese Art von künstlich erzeugter Bewußtseinsenergie geöffnet sind.

Im Prinzip läßt sich der Zugangskanal, durch den diese Energien zu euch vordringen können, durch die Verabreichung von Medikamenten weitestgehend ausschalten. Viele Soldaten des "Golfkrieges" leiden heute unter den Spätfolgen, die durch diese Medikamente ausgelöst wurden.

Manipulation, liebste Kinder des Lichtes, kann nur dann erfolgreich sein, wenn ihr durch eure inneren und oftmals noch unbewußten Ängste bereit seid, euch diesen Schwingungen zur Verfügung zu stellen.
Nun sind wir wieder da, worauf wir bereits im ersten Teil unserer Erzählung mehrfach hingewiesen haben:

__Geht in euch selbst, und erkennt euch selbst.__
__Dies ist der e i n z i g e Weg , der für euch von Nutzen ist.__

*Eure tief in euch verankerten und
verwurzelten Überzeugungen sind
Hauptbestandteil eurer täglich
erlebten Realität.*

*Nur wenn ihr in euch geht und
euer Innerstes dahingehend
überprüft, werdet ihr fähig und in
der Lage sein, eure täglich erlebte
Realität **bewußt** zu gestalten*

Massenbewußtsein

Eine Information, die in dem morphogenetischen Feld eures Planeten als Teil des Massenbewußtseins eingespeist ist,

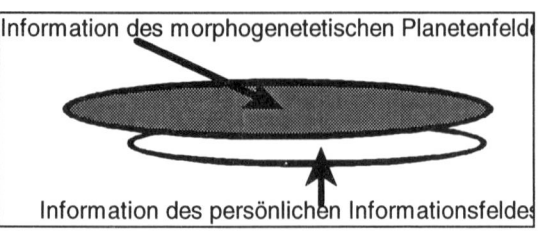

Information des morphogenetischen Planetenfeld

Information des persönlichen Informationsfelde

wird von allen Lebensformen zwangsläufig als gegebene Tatsache akzeptiert werden.

Die in dem Feld enthaltene Information wird automatisch inhaltlich in das persönliche Informationsfeld aller sich auf dem Planeten befindlichen Lebensformen übernommen werden. Eine Möglichkeit zur freien Entscheidung, ob eine Information von einer Lebensform akzeptiert oder abgelehnt werden kann, existiert, solange diese Lebensform nicht einen bestimmten Grad ihrer Bewußtseinsentwicklung erreicht hat, nicht.

Teilweise sind bestimmte Aspekte des Massenbewußtseins so unmittelbar mit dem persönlichen Informationsfeld einer Lebensform verknüpft, daß dieser Teil des Massenbewußtseins als Teil des eigenen Bewußtseins empfunden wird.

Solange also eine dem Planeten zugehörige Lebensform sich ihres SELBST nicht bewußt geworden ist, also unbewußt existiert, überlagert in vielen Fällen das planetare morphogenetische Feld das persönliche Informationsfeld dieser Lebensform.

Für euch, liebe Kinder des Lichtes, bedeutet dies in der Praxis eures täglichen Lebens, daß ihr mit Informationen konfrontiert seid, die ihr nur deshalb als Wahrheiten akzeptiert, weil ihr nicht wißt, daß der Kern eurer inneren Wahrheit schlichtweg vom Massenbewußtsein eures Planeten überlagert wird.

Erst wenn ihr euch entscheidet, den Weg der geistigen Erkenntnis einzuschlagen, wird es euch möglich sein, die euch innewohnenden Wahrheiten zuzulassen und euch gegen die scheinbaren Wahrheiten aufzulehnen, die nur deshalb als Wahrheiten gültig sind, weil die Mehrheit der Menschheit sie einfach hinnimmt.

Je mehr ihr also damit beginnt, euch selbst bewußt zu werden, desto mehr klinkt ihr euch aus dem Massenbewußtsein aus und werdet Individuen.
Ihr werdet erst dann damit beginnen können, die Wahrheit in euch selbst zu vernehmen, wenn ihr euch bewußt dazu entscheidet, den Weg weiterzugehen, den ihr bereits begonnen habt einzuschlagen.

Je mehr ihr euch selbst bewußt werdet, desto weniger werdet ihr das Treiben der Masse der Menschheit um euch herum begreifen und nachvollziehen können und um so öfter werdet ihr euch fragen müssen: War ich auch einmal so?

Je bewußter ihr euch selbst werdet, desto weniger Einfluß wird das Massenbewußtsein, also der Teil des morphogenetischen Feldes eures Planeten, der für eure dreidimensionale Existenz mitverantwortlich ist, Einfluß auf euch haben.

Ihr werdet beginnen, euch mit jedem Tag selbst bewußter zu werden, und ihr werdet nicht mehr umhinkommen, neue Informationsquellen zu erschließen, die euch wiederum eurer eigenen Wahrheit näherbringen.
Dies wiederum wird euch tatsächlichen Zugang zu euch selbst verschaffen, und ihr werdet eines Tages aus euch selbst heraus erkennen, daß ihr die ganze und die eine und einzige Wahrheit in euch selbst tragt.

Dann ist es euch gelungen, ihr selbst zu sein, und ihr werdet euch schwerelos in die unendlichen Höhen eures Selbst erheben können, ohne euch gebunden zu fühlen.

Dann werdet ihr nicht mehr fragen, ob das, was ihr tut, nun „richtig" oder „falsch" ist.

Ihr werdet nicht mehr fragen, ihr werdet nur noch tun.

Dann, liebste Lichtfamilie, steht ihr wieder im Lichte, und kein Schatten kann das Sein eurer Existenz mehr trüben.

Das Gefängnis der dreidimensionalen Muster

Ihr lebt in einem Gefängnis.
Da ihr jedoch niemals erkannt habt, daß sich außerhalb der Mauern eurer dreidimensionalen Denk-, Fühl- und Verhaltensstrukturen anderes, Neues befinden könnte, bewegt ihr euch weiterhin innerhalb der Mauern eures Denkens. Damit ihr die Mauern eurer eigenen geistigen Begrenzung nicht als trist und öde empfinden müßt, habt ihr sie getarnt und verkleidet.

Ihr schafft euch vor euch selbst Alibis. Ihr seid esoterisch orientiert und spirituell ausgerichtet und verschafft euch über Bücher, Seminare und meditative Gruppenarbeit das Alibi des „Nichterkennen Müssens".
Ihr sucht mühsam im Außen nach dem, was ihr müheloser im Innen eures eigenen Selbst finden könntet. Ihr laßt euch beherrschen von eurem Verstand, von dem dreidimensionalen Aspekt eurer menschlichen Existenz, ohne zu bemerken, daß ihr eine Sackgasse nach der anderen betretet.
Ihr verhaltet euch nach wie vor so, wie ihr es gewohnt seid.

Eure Wirtschaftssysteme orientieren sich an ständigem Wachstum. Nur wenn es Wachstum und Wirtschaftszuwachs gibt, so ist eure Wirtschaft gesund.
Da ihr auf eurem Planeten gebunden seid und es euch nicht möglich ist, neue Märkte durch den Handel mit anderen Zivilisationen zu treiben, die sich außerhalb eures Planeten befinden, habt ihr im Prinzip einen begrenzten Wirtschaftsmarkt.
Um ständigen Zuwachs erreichen zu können, seid ihr immer wieder gezwungen, bestehende Märkte zu zerstören. Eure Zivilisation basiert darauf, daß ihr immer wieder Kriege führen müßt, um eure Wirtschaft und euer damit verbundenes System zu stützen.
Ein Krieg, der ein bisher funktionierendes Land ganz oder teilweise zerstört, bietet euch die Chance, durch entsprechende Verträge und die darin zugesicherte Unterstützung einen

„neuen" Markt zu erschließen und euer Wirtschaftswachstum sicherzustellen, da eure Wirtschaft inzwischen nicht mehr an das eigene Land gebunden ist, sondern international agiert.

Ihr müßt heute weitaus mehr finanzielle Mittel für ein technisches Gerät aufwenden als noch vor einigen Jahren. Verbunden mit dieser Verteuerung jedoch ist eine Verschlechterung der Qualität der Ware.
Dadurch ist sichergestellt, daß ihr innerhalb kürzerer Zeitabläufe als in der Vergangenheit ein neues Gerät erwerben müßt.

Die Waren, die ihr erwerben könnt, entsprechen oftmals nicht mehr dem technischen Standart, der eigentlich eurer Wirtschaft möglich wäre. Die Pläne für technische Neuerungen liegen in den Schubladen der multinational arbeitenden Konzerne und werden in gewissen Zeitabständen daraus hervorgeholt und euch als technische Neuerung angeboten, damit ihr angehalten seid, eure nach wie vor funktionierenden Geräte zu entsorgen und euch die aktuellste Technologie zu kaufen, damit ihr „auf dem neusten Stand" seid.
Ihr wißt, daß dieses System im Prinzip darauf beruht, daß ihr ständig die Betrogenen seid.
Dennoch haltet ihr still und laßt alles so, wie es nun einmal ist.
Eure Bequemlichkeit ist euch dies wert.
Ihr müßt euch nicht auflehnen, und das System läuft eben so lange, wie es einmal läuft.

Würde euer Wirtschaftssystem nicht mehr auf dem System des fortwährenden Wachstums, sondern auf dem Prinzip der fortwährenden Entwicklung beruhen, so müßten zunächst einmal Machtstrukturen gebrochen und verändert werden.
Doch wer von euch möchte schon tatsächliche Veränderungen herbeiführen?
Am wenigsten möchte dies die tatsächlich Mächtigen eures Planeten.

Es wird für euch gedacht und gehandelt.

Eure sozialen Systeme beruhen nicht auf dem Prinzip der freien Entscheidung, sie beruhen darauf, daß ihr in einem „sozialen" Netz gefangen seid, dessen Maschen enger oder weiter auseinander liegen.

Doch sogar für diejenigen wird gesorgt, die durch die Maschen des Netzes fallen.

Sie sind in euren Denkmustern der „Bodensatz" eurer Gesellschaft.

Dennoch ist dieser Bodensatz eurer Gesellschaft für das gesamte System notwendig, denn die Summe der notleidenden Menschen bildet den Grundstock der energetischen Nahrung eurer Besitzer.

Diese Wesenheiten, in deren Besitz ihr euch befindet, sind nicht daran interessiert, ein System kreieren zu lassen, das auf dem Prinzip der fortwährenden Entwicklung beruht.

So, wie euer Wirtschaftssystem funktioniert, so funktionieren auch eure Denk- und Verhaltensmuster.

Ihr lebt in euren Begrenzungen und spürt, wie sie euch immer mehr einengen.

Dennoch verändert ihr nichts.

Ihr könntet das Maß an scheinbarer Sicherheit verlieren, das ihr euch im Laufe dieser Inkarnation erworben habt.

Wovon solltet ihr leben, wenn ihr euch nur noch spirituell orientiert, wenn ihr tatsächlich damit beginnen solltet, den Weg des Geistes in letzter Konsequenz zu gehen?

Würdet ihr euren Geist mehr in euch zulassen, so würdet ihr die Erfahrung machen, daß für euch gesorgt werden würde.

Euer ständiger Existenzkampf wäre weitestgehend beendet, und ihr hättet euch aus dem bestehenden System „ausgeklinkt".

Dennoch, ihr müßtet euch auf das Abenteuer der Erkundung eures Geistes begeben, und wo, liebste Kinder des Lichtes, wäre dann die Form von scheinbarer Sicherheit, die ihr bereits so lange konsequent festhaltet?

Che-dan-on-dor-ob-mej-kon-den

Ihr seid immer gewesen wer ihr seid
Ihr seid, wer ihr seid
Ihr werdet immer sein wer ihr wart.

Die Götter sind unter euch

Stellt euch äußerst hochentwickelte Wesenheiten vor, die aufgrund bestimmter Umstände nicht fähig und in der Lage sind, einen weiteren Evolutionssprung zu vollziehen.
Hätten diese hochentwickelten Wesenheiten im Laufe ihrer äonenlangen fortwährenden Entwicklung einige Stufen der Evolutionsleiter übersprungen, so würden sie eines schönen Tages feststellen müssen, daß sie für ihre weitere Entwicklung gerade diese übersprungenen Schritte benötigen.
Die einzige Wahl, die diese hochentwickelten Wesenheiten hätten, um weiter evolutionieren zu können, wäre der Weg zurück in ihre Vergangenheit, um dort die übersprungenen Phasen neu zu erleben und zu erfahren.

Da Leben jedoch nicht linear verläuft, sondern immer mit den unterschiedlichsten Möglichkeiten verbunden ist, wäre dieser Schritt zurück in eine barbarische Vergangenheit verbunden mit multidimensionalen Vorgängen.

Wären also die Götter aus der Zukunft in die Vergangenheit zurückgekehrt, um dreidimensionale Erfahrungen „nachzuholen", so würde der Abschluß dieser Phase verbunden sein mit einer energetischen Veränderung, einer transformativen Phase des Ortes, an dem diese Götter geraume Zeit verbracht haben.
Im Prinzip wäre dies ein Dank der Götter an den bewußten Energiezustand, der den Göttern diesen Entwicklungsschritt ermöglicht hätte, in diesem Falle der Planet Erde.
In der Praxis würde dies bedeuten, daß, haben die zurückgekehrten Götter ihre nachgeholte Entwicklung weitestgehend abgeschlossen, sie dafür Sorge tragen würden, daß der Planet, der diese Entwicklung ermöglicht hat, durch das Zusammenwirken der göttlichen Wesenheiten die Möglichkeit erhält, sich selbst weiterzuentwickeln.

Euer Planet ist eine Brücke.

Die Götter sind hier. Doch werden die Götter bald den Planeten Erde verlassen, um dorthin zurückzukehren, woher sie kamen, um dort an ihren Heimatstätten durch ihre gewonnenen Erkenntnisse dafür zu sorgen, daß weitere evolutionäre Entwicklung stattfindet.

Die Geister derer, die in der dritten Dimension verbleiben werden, sind von denen, die weitergehen werden, längst getrennt.
Die Geister der Götter werden bald von den Geistern geschieden werden, die weitergehen werden.

Ihr, die ihr dies lest, ihr, die ihr euch fürchtet zurückbleiben zu müssen, es sei euch versichert, daß ihr diejenigen sein werdet, die weitergehen werden.
Ihr, die ihr den Weg des Geistes beschritten habt und beginnt zu erkennen, es sei euch gesagt, daß ihr den Weg der Evolution gehen werdet dorthin, wo ihr euch zu Hause fühlen werdet, kaum daß ihr angekommen seid.

Diejenigen, die zurückbleiben werden, sind diejenigen, die nichts, aber auch rein gar nichts wissen wollen von den Dingen, dem Wissen des eigenen Geistes.
Sie werden zurückbleiben und dem EINEN die Informationen geben, die sie in der dritten Dimension erfahren und erleben werden.
Ihre Zeit ist noch nicht gekommen, doch seid versichert, auch ihre Zeit des Wechsels der Schwingung wird kommen.

Ihr, die ihr weitergehen werdet in eurer Evolution, werdet die Führung durch euren eigenen Geist erfahren.

Die Geometrie eures Selbst

Ihr seid so fixiert darauf, hoch in die Lüfte zu sehen, daß ihr nicht einmal bemerkt, daß ihr schon mehrmals über den kleinen Ast der Erkenntnis gestolpert seid.

Hört ihr vor euren Häusern laute Geräusche und Lärm, die über euer gewohntes Maß hinausgehen, so geht ihr zu euren Fenstern und seht hinaus, um zu sehen, was den Lärm verursacht.

Geht ihr auch an eure Fenster, um einmal festzustellen, was die Stille verursacht, die ihr vor euren Häusern hören könnt?

Ihr habt euch so daran gewöhnt, auf die lauten Geräusche zu hören, daß ihr taub seid, wenn die lauten Geräusche einmal verstummen.

Ihr habt euch so darauf fixiert, daß die Erkenntnis laut und übermächtig wie ein Donnerschlag über euch kommt, daß ihr das leise Klopfen eures Geistes an die Pforte eurer Wahrnehmung nicht mehr hören könnt.

Ihr wartet noch immer darauf, daß einer kommt und euch rät, was richtig und falsch ist und was ihr tun und lassen sollt.

Noch immer habt ihr nicht verstanden, daß ihr diejenigen seid, die bestimmen, was richtig und falsch ist.

Noch immer lebt ihr in der Vorstellung, daß es Mächte geben muß, die euch durch Gesetzmäßigkeiten regulieren und beschränken.

In eurer Vorstellung müssen Gesetze und Regeln existieren, denn ihr denkt noch immer, daß ohne Gesetz und Ordnung das Chaos herrscht. Euer Verstand regiert euch noch immer so stark, daß die Vorstellung selbst für eure Taten verantwortlich zu sein, euch Schauer über den Rücken jagt.

Gesetze und Regeln haltet ihr für notwendig, denn in eurer Vorstellung entbinden sie euch von der Verantwortung für euch selbst, da ihr, solange ihr euch an eure Gesetze haltet, ihr euch noch immer zu den „Guten" rechnen könnt.

Ihr habt immer noch nicht verstanden, daß ihr, wenn ihr in eure Bewußtwerdung eingetreten seid, zwangsläufig nicht mehr „Böses" tun könnt, da nicht mehr euer niederes SELBST, euer Ego euch regiert, sondern ihr selbst die Macht und die Kontrolle über euch SELBST übernommen habt.

Somit tretet ihr in eine Phase der Erkenntnis ein, die es euch im Prinzip unmöglich macht, gegen anderes sich selbst bewußtes Leben zu handeln.

Ihr werdet nicht mehr darüber nachdenken, ob ihr stehlen sollt oder nicht, da ihr erkannt haben werdet, daß ihr euch um eure Bedürfnisse nicht sorgen müßt.
Ihr werdet nicht mehr gegen einen anderen zürnen ob dem, was er euch angetan habt, weil ihr verstehen werdet, daß ihr selbst euch dies antut und der andere nur da ist, um euch zu einer Erkenntnis zu bringen.

Ihr werdet nicht mehr mit eurem Verstand darüber nachdenken, was richtig oder falsch ist. Ihr werdet handeln nach dem, was euer Herz euch sagt, und somit werdet ihr niemals „falsch" handeln *können*.

Ihr werdet die Wahrheit in euren Herzen tragen und, ohne darüber nachzudenken, tun, was zu dem augenblicklichen Zeitpunkt das „Richtige" ist.

Euer Verstand ist das analytische Instrument eurer dreidimensionalen Existenz.
Euer Verstand ist das dreidimensionale Instrument eurer Existenz, von dem ihr beherrscht werdet.

In euch fühlt ihr, daß „etwas" nicht stimmt mit euch, daß „etwas" in euch anders ist, als es sein sollte.
Im Prinzip ist das, was ihr in euch fühlt, nichts anderes als die Tatsache, daß ein Aspekt, ein eurem SELBST untergeordneter Teil eures Seins, die Kontrolle über euch übernommen hat. Das göttliche Symbol der Dreiheit, dessen energetische Machtpositionen auf dem Ausgleich der Energien beruhen, hat sich bei euch verschoben.

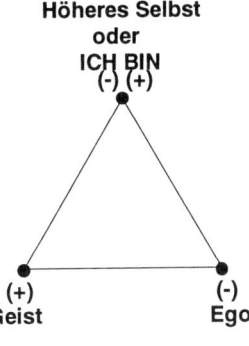

Während im Prinzip der Teil eurer Existenz die Kontrolle über alle Aspekte eures Seins hat, der oberhalb der Teilaspekte liegt und somit von „oben", also von einer übergeordneten Position, die Teilaspekte kontrolliert und je nach Bedarf einsetzt, lebt ihr nach einem völlig anderen Prinzip.

Euer niederes SELBST, also der Aspekt dreidimensionaler Existenz hat den gesamten Komplex innerer, göttlicher Ausgeglichenheit durch eine Linksdrehung verschoben und so in ein energetisches Ungleichgewicht gebracht.
Der mit (-) definierte obere Pol korrespondiert mit dem rechts unter ihm liegenden (-)-Pol, und die beiden energetischen (+) liegen ebenso gegeneinander.
Wäre euer inneres Energiesystem ausgeglichen, müßten (-) und (+) sich gegeneinander ausgleichen lassen.

Dies ist nichts anderes als eine graphische Darstellung energetischer Vorgänge oder, wenn ihr so wollt, nichts anderes als *bewußte* Geometrie.

Euer Verstand, das „(-)" kontrolliert euer Selbst, da es eine übergeordnete Position eingenommen hat.
Vieles von dem, was ihr als Vorgänge des Gefühls definiert, ist nichts anderes als eine Projektion eures Verstandes, dem dies durch seine übergeordnete Position möglich geworden ist.

Erst wenn ihr euch dessen bewußt werdet, könnt ihr durch eine Rechtsdrehung um 120° wieder ausgeglichene Energiezustände in euch herbeiführen.
Ihr findet auch bei diesem Vorgang wiederum die Zahlen „1", „2" und „0".

Das Geheimnis eures Seins ist anders, liebste Kinder des Lichtes, völlig anders, als man euch bisher glauben gemacht hat.............................

Eure „wahren" Freunde

Im dreidimensionalen Schwingungsbereich sind im Prinzip lineare Abläufe üblich.
Dies bedeutet, daß ein Ereignis sich an das andere reiht. Im Laufe eurer Inkarnation werdet ihr im Prinzip in jedem Moment eures Lebens mit Situationen konfrontiert.
Nun habt ihr von eurem Leben, von all den Dingen und Situationen, mit denen ihr euch beschäftigen wollt oder eben nicht beschäftigen wollt, eine mehr oder weniger konkrete Vorstellung.

Trifft nun ein Ereignis auf euch, das eurer Vorstellung entgegengerichtet ist, so sprecht ihr von einem Problem.
Jeder von euch wird auf seine eigene Art und Weise auf die Konfrontation mit einem Problem reagieren. Ursächlich für die Intensität eurer Reaktion auf das Problem wird sicherlich auch sein, wie stark die Situation, die ihr als Problem empfindet, euren Vorstellungen entgegenläuft.

Habt ihr nun einen bestimmten Weg in eurem Leben eingeschlagen, so werdet ihr feststellen, daß immer wieder Situationen auftreten, die ihr als Problem empfindet.
Ihr werdet jedoch feststellen, daß ein Problem euch, tritt es nur oft genug mit steigender Intensität auf, euch immer

dabei behilflich sein wird, den von euch eingeschlagenen Lebensweg zu verändern.
Ein Problem wird euch immer helfen, Informationen oder Erfahrungen zu sammeln, die es euch dann wiederum ermöglichen, eure derzeitige Situation zu überdenken und - falls ihr es für angebracht haltet - zu verändern.

Da eure bewußten und unbewußten Bewußtseinsinhalte immer die Tendenz haben, sich als Realität zu manifestieren, bedeutet ein auftretendes Problem im Prinzip nichts anderes, als daß es für euch notwendig geworden ist, alte und eingefahrene Einstellungen zu überdenken und zu verändern.

Euer Streben nach Sicherheit jedoch unterbindet den Vorgang der Bewußtseinserweiterung, da ihr „kleinere" Probleme nach Möglichkeit aus euren Lebensbereichen fernhalten wollt.
Tief in eurem Bewußtsein jedoch ist euch bekannt, daß es an der Zeit ist, Veränderungen herbeizuführen, und so zeigt das „kleine" Problem oftmals die Tendenz, sich in größerer Form wieder zu zeigen und euch im Prinzip mit euch selbst zu konfrontieren.

Beginnt ihr nun, ein Problem nicht mehr als über euch hereinbrechende Katastrophe zu betrachten, sondern als Hinweis oder Information, die euch lediglich behilflich sein könnte, euer Leben in eine etwas andere Richtung zu verändern, so würdet ihr dem Prinzip der Bewußtseinserweiterung nicht mehr Energien entgegensetzen, sondern es wäre euch möglich, neue Wege zu gehen, ohne von dem ach so bösen Schicksal ständig gebeutelt zu werden.
Hinterfragt ihr ein Problem, versucht ihr den Sinn, der hinter der Problematik stecken könnte, herauszufinden, so wird ein Problem zu einem Freund und ihr könnt im Prinzip damit die Schwierigkeit „transformieren".
Dadurch, daß ihr versucht, die Ursache des aufgetretenen Problems zu ergründen, besteht für euch nicht mehr die Notwendigkeit, jegliches Detail dieses Problems bis in die tiefsten Tiefen der Verzweiflung zu erfahren.

Probleme sind eure Freunde, helfen sie euch doch, euer Bewußtsein auf natürliche Art und Weise zu erweitern. Dennoch werdet ihr dies erst erkennen, wenn ihr begonnen habt, euch aus der Umklammerung eures Verstandes zu lösen.

Wie entsteht ein Problem ?

Bevor ihr euch auf eurem Planeten inkarniert habt, wurde von euch selbst festgelegt, was ihr in der kommenden Inkarnation erleben und erfahren wollt.

Ihr brachtet also das, was ihr erleben und erfahren wollt, als so etwas wie ein energetisches Defizit mit in eure Inkarnation. Eine für euch unübersehbare Anzahl von Informationen, also die Fähigkeiten, das Wissen und die Möglichkeiten, die ihr benötigt, um die Aufgabe zu erfüllen, habt ihr in eure Inkarnation bereits mitgebracht.

Diese „(+) Informationen" sind im Prinzip Bewußtseinszustände, die ihr in dieser Inkarnation **nicht** erfahren wollt, da ihr sie bereits erfahren habt oder erst zu einem späteren Zeitpunkt erfahren möchtet.

Nach eurer Inkarnierung auf eurem Planeten entsteht nun zwischen euren Informationsüberschüssen (+) und euren Informationsdefiziten (-) ein Spannungszustand.

Da es jedoch das Prinzip des Lebens ist, für fortwährenden Ausgleich zu sorgen, werdet ihr im Laufe eures Lebens immer wieder mit Situationen konfrontiert, die euch helfen möchten eure Informationsdefizite auszugleichen.

Da es, wie ihr bereits wißt, in der dreidimensionalen Schwingungsebene üblich ist, daß sich Gedanken und Gefühle als körperliche Realität ausdrücken, manifestieren sich diese Spannungszustände zwischen euren Informationsüberschüssen und euren Informationsdefiziten als dreidimensionale Realität.

Dise gilt sowohl für die persönlichen Erfahrungen jedes einzelnen von euch als auch für die Menschheit in der Gesamtheit.

Ihr erlebt also Energie- oder Informationszustände als dreidimensionale Realität.

Im Prinzip könntet ihr sagen, daß eure Informationsdefizite eure unbewußten Aspekte und eure Informationsüberschüsse eure bewußten Aspekte eurer Inkarnation sind.

Ob ihr nun eine Situation als tatsächliche, also als körperliche Realität erfahrt, oder ob ihr sie lediglich als möglichst detaillierte Phantasie in eurem Geiste erlebt, spielt im Prinzip nur eine untergeordnete Rolle.

Ihr könntet also der Lösung eines Problems, mit dem ihr konfrontiert seid, schon wesentlich näher kommen, wenn ihr in eurer Phantasie diese Schwierigkeit von allen Seiten durchleuchtet und versucht, die Information, die hinter eurer Problematik steht, zu ergründen.

Macht für euch selbst einmal den Versuch, wenn ihr wiederum mit einem neuen Problem „belastet" werdet, daß ihr euch in die Ruhe begebt und diese für euch als schwierig empfundene Situation in eurer Phantasie so realistisch wie irgend möglich erlebt.
Versucht die Situation von allen euch möglichen Seiten zu betrachten, und sucht euch aus all den Möglichkeiten, die sich euch in eurer Phantasie bieten werden, diejenige Lösung aus, die euch am angenehmsten erscheint.
Ihr werdet feststellen, daß das Problem allein schon durch eure veränderte Betrachtungsweise seinen größten Schrecken verliert.

Verknüpft in eurer Phantasie die Lösung eures Problems nicht mit der Vorstellung, daß andere Menschen euch helfen werden, oder die Lösung eines materiellen Problems durch einen Gewinn in einem eurer Lotteriespiele gelöst wird.
Denkt nicht darüber nach, _wie_ sich die Situation entspannen wird, sondern laßt den Dingen einfach ihren freien Lauf.

Macht euch bewußt, daß diese Situation durch ein Energiedefizit entstanden ist. Führt in eurer Phantasie diesem „Energieloch" lediglich konstruktive Energien zu.

Macht ein Experiment und entscheidet für euch selbst, welche konstruktiven Energien ihr eurem persönlichen Energiedefizit zuführt.

Gebt euch nur ein wenig Mühe. Es ist weitaus einfacher, als es euch im Moment scheinen mag.

Ihr werdet erkennen, daß eure Probleme eure Freunde sind und ihr werdet dadurch eine völlig neue und veränderte Lebensqualität erfahren.

Überzeugungen und Werte

Im Prinzip ist es euch möglich, innerhalb kürzester Zeit Dinge oder Situationen zu manifestieren.

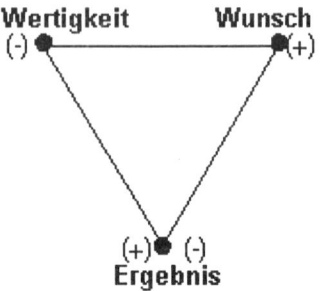

Jedoch gibt es für euch auch hierbei gewisse Stolpersteine, die ihr lernen müßt zu umgehen.

Auch hier habt ihr wiederum zwei Aspekte, die ihr zu berücksichtigen habt: Das, was zu manifestieren ihr beabsichtigt, und eure inneren Werte und Überzeugungen zu diesem Thema.

Definiert (+) und (-) nicht als positiv oder negativ in eurem Sinne. Es sind lediglich gleichwertige Aspekte der Polarität.

Seid ihr nun erkrankt, leidet ihr Mangel an materiellen Gütern, oder quälen euch andere Probleme, so seid euch bewußt, daß ihr tatsächliche und anhaltende Änderungen eurer Lebensumstände _nicht_ durch fortwährende Affirmationen herbeiführen könnt, solange eure inneren Überzeugungen der Affirmation entgegengerichtet sind.

Im Prinzip sind in eurer dreidimensionalen Existenzebene drei Bewußtseinsschichten für eure Lebensumstände von Bedeutung:

Die Oberfläche eures Bewußtseins, auf der sich eure gesamten Denkvorgänge abspielen,

die unteren Schichten eures Bewußtseins, in denen sich, ob es euch nun bewußt ist oder nicht, die gesamten gespeicherten Erfahrungen und Erlebnisse eurer jetzigen Inkarnation befinden,

und die unbewußten Schichten eures Bewußtseins, die beide vorher genannten Aspekte völlig wertfrei und ohne Beurteilung zu einem Gesamtergebnis zusammenfügen und dies an das morphogenetische Feld eures Planeten weiterleiten.

Im Prinzip besitzt ihr das uneingeschränkte Recht, durch, wie ihr es nennen würdet, den Kosmos in jeglicher Hinsicht versorgt zu werden. Dabei spielt es nun absolut keinerlei Rolle, ob es nun um Gesundheit, materielle Versorgung, Glück oder Freude geht. Was euch einzig und allein daran hindert, euer Geburtsrecht in Anspruch zu nehmen, ist lediglich der Aspekt eures Seins, in dem eure Erfahrungen oder, wenn ihr so wollt, eure Programmierungen gespeichert sind.

Leidet ihr unter einer Krankheit, so wird es euch erst dann möglich sein, diese Krankheit zu „besiegen", wenn ihr an einen Heiler geratet, dem ihr euer uneingeschränktes Vertrauen schenkt und der fähig und in der Lage ist, eure inneren Programmierungen in bezug auf eure Erkrankung durch andere Programmierungen zu ersetzen.
Meist habt ihr Menschen, gleich-gültig unter welcher Art von Einschränkung ihr leidet, lediglich ein Problem - nämlich das eurer eigenen Wertigkeit.

Durch die Gegebenheiten eurer Zivilisation könnt ihr nicht anders, als euch minderwertig, klein, nutzlos oder wertlos zu fühlen. Gleich-gültig welcher Religion oder Glaubensgemeinschaft ihr euch zugehörig fühlt, immer und ohne Ausnahme seid ihr die Sündigen, Schlechten oder diejenigen, die immer wieder gegen die euch aufdoktrinierten Regeln verstoßen.

Die Dogmen, mit und unter denen ihr aufgewachsen seid, bilden die *Basis eurer gesamten Problematiken.*
Die tiefste eurer Bewußtseinsschichten ist auch diejenige, in der euer tatsächliches Wissen gespeichert ist. Sie ist euer Zugang zu euren höheren Seinsebenen.
Die tiefste eurer Bewußtseinsschichten liegt bereits mit derjenigen, in der eure Programmierungen und damit eure innersten Überzeugungen eurer dreidimensionalen Existenz gespeichert sind, in Diskrepanz, da eure inneren Überzeugungen bereits den Inhalten eures wahren, inneren Kerns, eurem SELBST widersprechen oder entgegengerichtet sind. Das letztendliche Desaster

zeigt sich in der oberen Schicht eures Bewußtseins, der Ebene, auf der all eure Denkvorgänge ablaufen.

Hier zeigt sich deutlich eure innere Zerrissenheit, das ständige Schwanken zwischen dem, was ihr gezwungenermaßen als dreidimensionale Wahrheiten akzeptieren müßt, und eurem tief in euch verwurzelten Wissen, das nach außen drängt, dem ihr es jedoch untersagt, in die Oberflächen eures Denkens vorzudringen, da ihr glaubt, daß, wenn dies geschieht, ihr eure scheinbaren Sicherheiten verliert.

Würdet ihr unsere Geschichten nicht nur mit eurem Verstand, sondern mit eurem Herzen lesen, so hättet ihr nun einen weiteren Schlüssel zu eurer SELBST-Erkenntnis in der Hand.

Was euch jedoch hindert, all das, was ihr in den letzten Jahren und Jahrzehnten gelernt und erfahren habt, „über Bord" zu werfen und völlig von vorne zu beginnen, ist eure Furcht davor, daß ihr euch nicht sicher seid, ob all das, was wir euch erzählen, nun auch der Wahrheit entspricht.

So habt ihr euch nun wiederum gefangen in eurem ewigen Kreislauf von Zweifel und Überzeugung, den ihr nur werdet durchbrechen können, wenn ihr durch Ereignisse gezwungen werdet und nicht mehr anders könnt, als endlich, endlich anders zu sein.

Ihr und die Götter, die Götter und ihr

Nun gibt euch unsere Erzählung wiederum die Möglichkeit, euch selbst in drei Gruppen von inkarnierten Lebewesen einzuteilen: In diejenigen, die in der dritten Dimension verbleiben werden, in diejenigen, die sich aus der dritten Dimension in die fünfte Dimension bewegen werden, und in die Götter. Da ihr selbst noch immer nicht verstehen wollt, wer ihr seid, läßt eure Wertigkeit euch selbst gegenüber für euch selbst nur einen Schluß zu - nämlich den, daß ihr zumindest davon ausgeht, unter denjenigen zu sein, die sich zur fünften Dimension hinbewegen.

Im Prinzip wüßtet ihr gerne, woran ihr die Götter erkennen könnt. Würde euch dies doch die Möglichkeit öffnen, Kontakt zu diesen inkarnierten göttlichen Wesenheiten aufzunehmen und von ihnen zu lernen.
Ihr würdet im Endeffekt wiederum das tun, was ihr schon immer getan habt. Ihr sucht euch Meister und Führer, die euch sagen, was richtig und was falsch ist an eurem Tun.
Ihr würdet, wüßtet ihr, wer den Göttern angehört, diese auf ein Podest stellen, verehren und hoffen, daß euch durch euren unmittelbaren Kontakt zu den Göttern der Weg geebnet wird, um euch weiterzuentwickeln.

Auf den Gedanken, daß diejenigen, die wir als die Götter bezeichnen, ähnliche Schwierigkeiten in der dritten Dimension haben wie ihr selbst, kommt ihr nicht.
Die Götter sind menschlich gewordene Lebewesen wie ihr selbst und befinden sich zur Zeit ebenso in der Phase ihrer Bewußtwerdung wie ihr selbst.
Die Götter haben jedoch in ihrer dreidimensionalen Erscheinungsform zur Zeit das gleiche Problem wie ihr selbst - sie können sich nicht erinnern.

Götter sind in eurer Definition des Wortes Wesenheiten, die aufgrund ihrer Existenzform, ihres Wissens und ihrer Fähigkeiten weit „über" euch stehen.

Wie jedoch würdet ihr Wesenheiten aus der fünften oder siebten Dimension bezeichnen?

Auch dies sind Wesenheiten, die aufgrund ihrer Existenzform, ihres Wissens und ihrer Fähigkeiten und Möglichkeiten weit über euch stehen.

Wo also beginnen für euch die göttlichen Wesenheiten, und wo hören die Wesenheiten auf, die ihr inzwischen als die „Raumbrüder" bezeichnet?

Würde morgen auf eurem Planeten eine Armada von Raumschiffen landen, wären dies eure Raumbrüder oder wären dies die Götter?

Habt ihr euch jemals darüber Gedanken gemacht?

Sind die Götter Wesenheiten, die fähig und in der Lage sind, sich selbst zu materialisieren und zu entmaterialisieren?

Sind die Götter Wesenheiten, die fähig und in der Lage sind, Gegenstände durch die Kraft ihres Geistes zu erschaffen oder zu verwandeln?

Was, ihr lieben Menschen, würdet ihr tun, wenn ihr erfahren würdet, daß die Fähigkeit, sich selbst oder Gegenstände, gleichgültig welcher Art, zu erschaffen, zu verwandeln oder zu entmaterialisieren, lediglich auf der Kenntnis der tatsächlichen Gegebenheiten beruht?

Was würdet ihr sagen, würdet ihr erfahren, daß die Götter sich lediglich durch die Entwicklung ihres Geistes und ihrer Seele von den Nicht-Göttern unterscheiden?

Eure Körper sind nichts anderes als Beförderungsmittel, die im wahrsten Sinne des Wortes durch euch selbst „beseelt" werden.

Ihr wißt mittlerweile, daß jegliche geistige Ursache eine körperliche Wirkung zeigt, die sich in eurer Dimension linear, also fortlaufend entwickelt.

In dem Augenblick, in dem ihr euch entschlossen habt, euch wiederum körperlich auf dem Planeten Erde zu inkarnieren, um einen weiteren Schritt in eurer weiteren dreidimensionalen Entwicklung zu tun, benötigt eure Seele ein dieser Umgebung angepaßtes Beförderungsmittel, einen menschlichen Körper.

Eure Entscheidung veranlaßt also, vereinfacht gesprochen, zwei Menschen dazu, sich körperlich zu lieben und ein Kind zu zeugen. Tatsächlich sind diese Vorgänge etwas komplizierter, dennoch ist unsere Erläuterung im Augenblick ausreichend.

Zu dem Zeitpunkt, an dem der körperliche Zeugungsvorgang abgeschlossen ist, besteht bereits eine intensive Verbindung von eurer Seele zu eurem Körper, dessen Entwicklung ihr bereits in dem Sinne beeinflußt, wie es den Erfahrungen entspricht, die ihr in eurer so vorbereiteten Inkarnation erleben und erfahren wollt.

Auf geistiger Ebene gibt es während der „Bauzeit" des Körpers fortwährende Kommunikation zwischen den Seelen der Eltern und des „Kindes".

So ist es durchaus möglich, daß während der Entstehungsphase des Körpers Ereignisse eintreten, die nicht dem entsprechen, was die zu inkarnierende Seele sich vorgenommen hat zu erleben.

Dies kann durchaus zur Folge haben, daß die Seele den Kontakt zu ihrem noch ungeborenen Körper unterbricht.

Aus diesem Grunde wird das ungeborene Kind nicht geboren werden. Damit dies sich in der Dreidimensionalität äußern kann, werden während der Schwangerschaft der Mutter Umstände eintreten, unter denen das ungeborene Kind „sein Leben verliert".

Eure Seelen sind euer „ICH BIN".
Euer Körper ist das Transportmittel oder Vehikel eurer drei- oder höherdimensionalen Erfahrung.

Euer Geist ist im Prinzip das Kommunikationsmittel zwischen eurer körperlichen Erfahrung, gleich-gültig in welcher Dimension, und dem, was ihr nun tatsächlich seid - eurer Seele.

Das, was ihr als Seele bezeichnet, war für euch immer „etwas", das ihr „hattet".
Niemals seid ihr auf den Gedanken gekommen, daß ihr Seele seid.

Ihr habt keine Seele - ihr seid Seele!

Eure Seele, ihr selbst seid der Aspekt des EINEN, der ihr selbst seid. Es ist der Teil des EINEN, der sich aus der Einheit gelöst hat, damit der EINE sich unter all seinen Aspekten und Möglichkeiten selbst erfahren und erkennen kann.

Damit eine Seele sich selbst erleben und erfahren kann, ist es notwendig, die einzelnen Entwicklungsstufen oder Schwingungsebenen oder Dimensionen in Form von körperlichen Erfahrungen oder Inkarnationen zu erleben und zu erfahren.
So begibt sich eine Seele, die als neuer Aspekt des EINEN in einem unbeschreiblichen Schöpfungsakt erschaffen wird, aus den für euch unvorstellbaren Höhen der absoluten und uneingeschränkten Freiheit des Geistes in die eingeengten und begrenzten Möglichkeiten körperlicher Existenz.

Die Seele hat das uneingeschränkte Recht, die Form ihrer Existenz, also die Schwingungsebene frei zu wählen, wird jedoch früher oder später nicht umhinkommen, auch die „niederen" Ebenen der Dimensionen durchlaufen zu müssen, da sie sich ja wieder vervollkommnen möchte.

Nun, da die Götter ihren Zyklus der dreidimensionalen Erfahrung beinahe beendet haben und ihre Seelen sich darauf vorbereiten, die Schwingungen der dritten und vierten Dimension zu verlassen, erhöhen sie die Schwingung des Planeten Erde und somit aller sich selbst bewußten Lebensformen des Planeten.

Eine Vielzahl von Wesenheiten haben sich auf dem Planeten inkarniert, um bei diesem Vorgang zugegen zu sein, selbst wenn sie, ihre Seelen, wissen, daß ihre Zeit des Dimensionswechsels noch nicht gekommen ist.
Sie werden sich weiterhin in der dritten Dimension inkarnieren, bis ihre Entwicklung abgeschlossen ist.

Andere Wesenheiten sind im Zuge einer Vielzahl von Inkarnationen in ihrer Entwicklung so weit fortgeschritten, daß sie sich den Wechsel in eine höhere Dimension wahrhaft „verdient" haben.
Sie selbst, ihre Seelen, haben den dreidimensionalen Entwicklungszyklus durchlaufen, und sie bereiten sich ebenfalls darauf vor, in die fünfte Dimension überzuwechseln.

Dann verbleiben noch diejenigen, die nur einige wenige Inkarnationen auf dem Planeten Erde hinter sich haben und während dieser Zeit eine kurze Form der Grundausbildung hinter sich gebracht haben. Menschen, die in ihren wenigen Inkarnationen oftmals mehr erlebt und erfahren haben als andere in mehreren 10-fachen Durchläufen.
Diese Wesenheiten sind im Prinzip „Spezialistenteams", die sich aus ihrer „Heimatdimension" für, nach höheren" Maßstäben gerechnet, kurze Zeit inkarnierten, um bei der Schwingungserhöhung des Planeten und der sich bewußt werdenden Menschen Unterstützung zu gewähren.

Gleich-gültig, Kinder des Lichtes, ob ihr nun den Göttern, den Teams oder den bewußt werdenden Menschen zugehörig seid, tut, was ihr tun könnt.
Tut, Kinder des Lichtes, was ihr tut, nicht, weil ihr denkt, daß es richtig ist.
Tut, Kinder des Lichtes, was aus euren Herzen kommt.

Die Zeit ist gekommen, in der ihr beginnt zu ahnen, zu welcher Kategorie ihr gehört. Wenn ihr beginnt, es zu ahnen, so laßt es dabei und versucht nicht, Beweise zu finden. Euer Sein sei euch Beweis genug.

Sucht nicht nach den Göttern, um sie zu verehren. Die Götter haben ähnliche Probleme wie ihr selbst - auch sie können sich nicht erinnern.........................

Wollen, Haben, Besitzen

Wenn ihr euch in eure Körper inkarniert habt und sie somit „beseelt", fallt ihr in der Regel dem absoluten Vergessen anheim.

Ihr könnt euch an nichts mehr erinnern, was war, bevor ihr euren Körper in „Besitz" genommen habt. Ihr wart Seele, ihr wart „ICH BIN" und seid nach eurer materiellen „Geburt" nur noch Körper und damit verbunden Ego und ein bißchen Geist.

Für einige Seelen, die noch nicht viel Erfahrung im Umgang mit dreidimensionalen Körpern haben, ist die körperliche Geburt ein unvorstellbar schmerzhafter Vorgang.

Obwohl das „ICH BIN", die Seele, nicht vollständig an den Körper gefesselt ist, bedeutet dies dennoch eine sehr starke Bindung von Energien.

Da eure Seele, also im Prinzip ihr, nicht nur an einen Körper gebunden ist, sondern in der Regel mehrere Inkarnationen auf einem oder mehreren Planeten gleichzeitig erlebt und erfährt, mag dieser Geburtsvorgang dennoch oftmals mit großer Überwindung und Anstrengung erlebt werden.

Ist die materielle Geburt abgeschlossen und das Kind wächst heran, so wird die Bindung an die Materie immer stärker und intensiver, da ein Mensch zunächst materielle Erfahrungen sammeln muß, damit der Bewußtwerdungsprozeß tatsächlich begonnen werden kann.

Je zahlreicher und intensiver Probleme und Schwierigkeiten erlebt und erfahren werden, desto reifer ist die Seele, die sich auf der Erde inkarniert hat.

Schwierigkeiten und Probleme, wie ihr sie nennt, dienen einer schnelleren Reifung und somit ist der inkarnierte Mensch bereits in relativ jungen Jahren seines irdischen Lebenszyklus in der Lage vom Körper aus über den Geist mit der Seele, seinem ICH BIN oder höheren SELBST zu kommunizieren.

Ein Mensch, der ständig mit Schwierigkeiten zu „kämpfen" hat, wird schneller die Mechanismen erkennen, durch die er sich seine Probleme selbst bereitet.

Würdet ihr euch die Mühe machen, euch einmal intensiv mit euch selbst zu beschäftigen, so würdet ihr feststellen, daß es nur ein einziges „Grundproblem" für euch gibt:
Die Unfähigkeit, euch selbst zu lieben.
Der Planet Erde ist eine hervorragende Schule, um die Liebe zu sich selbst und somit zu allem, was ist, zu erleben und zu erfahren.

Dieses eine „Grundproblem" gliedert sich wiederum in einige „Teilprobleme" auf, die da heißen:

Mangel an *SELBST*-Vertrauen
Mangel an *SELBST*-Bewußtsein
Mangel an *SELBST*-Wert

Diese drei Grundprobleme könnt ihr wiederum unterteilen in Krankheit, Mangel an materiellen Gütern, Partnerschaftsprobleme oder, und so verhält es sich in der Regel bei euch, aus Kombinationen aus allen Teilaspekten.

Wärt ihr in der Lage, euch (euer) SELBST zu lieben, so könnten euch diese Problematiken nichts anhaben. Ihr wärt EINS mit euch selbst.

Eine eurer weiteren Problemursachen haben mit eurem Streben nach Besitz zu tun.

Betrachtet ihr einmal euren „normalen" Sprachgebrauch, so definiert ihr beispielsweise, daß ihr Schmerzen *habt* oder nicht *habt*, daß ihr eine Partnerschaft *habt* oder nicht *habt*, daß ihr Besitztümer *habt* oder nicht *habt*.

Das Wort „*haben*" wiederum wird in eurem Sprachgebrauch als „*besitzanzeigendes*" Wort definiert.

Somit unterliegt ihr wiederum einem selbstgebastelten Dilemma, nämlich dem, daß, wenn ihr etwas besitzt, ihr es nur ungern wieder hergeben mögt.
Ihr „*besitzt*" also Krankheit, Schmerz, Leid, Trauer, Frustration und vieles mehr.

Würdet ihr anerkennen wollen, daß ihr tatsächlich in der Lage seid, Dinge und Situationen zu erschaffen, so wäre es für euch nicht mehr notwendig, etwas oder jemand „besitzen" zu wollen, da ihr erkennen müßtet, daß ihr all das, was ihr für eure Inkarnation benötigt, im Überfluß erhalten werdet.
Hättet ihr all das zur Verfügung, was ihr für eure jetzige Inkarnation benötigt, so müßtet ihr das, was ihr „habt", nicht mehr bei euch behalten, wenn ihr zu einem Punkt eurer Entwicklung kommt, an dem ihr es eben nicht mehr benötigt.

Ihr könntet die Erfahrung machen, wie es ist, materiellen Überfluß oder „Glücks-Überfluß" zu erleben, und ihr könntet, nachdem ihr gelernt habt, daß dieser Reichtum euch nicht befriedigt, ihn wieder an andere weitergeben, da ihr erfahren hättet, daß ihr ihn jederzeit wieder „haben" könntet.
Ihr müßtet nicht mehr unter eurer Krankheit leiden, da ihr die Krankheit erfahren habt und sie bedenkenlos dahin gehen lassen könntet, wo sie dringend als Erfahrung benötigt wird, da ihr gelernt hättet, daß ihr sie jederzeit wieder „haben" könnt, wenn ihr sie braucht.

Ihr müßt nicht leiden, wenn ihr es nicht wollt.

Nun werdet ihr sagen: „Ich will ja gesund sein!" „Ich will ja reich sein!" „Ich will ja glücklich sein!".

Wir sagen euch: Prüft eure Bewertung zu euch selbst, die in den tieferen Schichten eures Bewußtseins verborgen ist.

Wir sagen euch: Prüft euer Vertrauen zu euch selbst, das in den tieferen Schichten eures Bewußtseins verborgen ist.

Und wir sagen euch: Prüft euer Bewußtsein zu den Dingen oder Situationen, das in den tieferen Schichten eures Bewußtseins verborgen ist.

Ihr erschafft eure Realität selbst.

Hört auf, andere für euer Unglück verantwortlich zu machen.

Hört auf, euch selbst zu begrenzen und zu beschränken.

Hört auf, euch selbst nach manipulierten und in keinster Weise der tatsächlichen Realität entsprechenden Dogmen und Mustern zu beurteilen und zu verurteilen.

Dann, Kinder des Lichtes, werdet ihr das Paradies der SELBST-Verwirklichung erfahren und erleben.

Das Phänomen der Hologramme

Hologramme definiert ihr als künstlich erzeugte dreidimensional erscheinende Bildprojektionen.
Die durch eure Technologien erzeugten Hologramme sind in der Regel für euch als solche zu erkennen, da die von euren Techniken generierten Hologramme über eure Augen wahrgenommen werden.

Nun gibt es bei euch eine „Weiterentwicklung" dieser Hologrammtechnologie, die als virtuelle Realität bezeichnet wird.
Bei dieser virtuellen Realität werden die dreidimensionalen Wahrnehmungsorgane eures Körpers von der "tatsächlichen" Außenwelt „abgeschottet" und durch technische Projektoren ersetzt.
Auf diese Art und Weise ist es möglich, sich in eine scheinbare, jedoch künstlich erzeugte Realität, eben eine virtuelle Realität zu begeben.

Da es eurer Wissenschaft nicht möglich ist, etwas Künstliches zu entwickeln, was nicht in natürlicher, also bewußter Form existiert, ist diese Technologie nichts anderes, als eine Nachahmung natürlicher Vorgänge.

Das, was ihr als Realität bezeichnet und tagtäglich auch als solche erlebt und erfahrt, ist jedoch im Prinzip nichts anderes als eine Bewußtseinsprojektion.
Bei einer Bewußtseinsprojektion findet das Prinzip von Aktion und Reaktion Anwendung.
Als Aktion beispielsweise ist durch euer fortwährendes Wirtschaftswachstum in eurer „westlichen Welt" eine Fabrikanlage nach der anderen entstanden, die durch ihre Schornsteine eine große Menge von teils hochgiftigen Schadstoffen ausscheiden.
Die Reaktion auf diese Aktion wiederum ist eine ständig fortschreitende Verunreinigung eures planetaren Lebewesens Erde und deren Abwehrmechanismen.

Ihr empfindet die Umweltverschmutzung als bedrohlich, verursacht sie doch dreidimensional gesehen, eine Vielzahl von Erkrankungen an und in euren Körpern.
Auch von dem Lebewesen Erde wird dieser massive Eingriff auf das Ökölogiesystem als schmerzvoll empfunden und aktiviert, so wie euer Körper auf Viren reagiert, Abwehrmechanismen.

Von einer hohen Bewußtseinsstufe aus gesehen, ist jedoch all das nichts anderes als eine Bewußtseinsprojektion.
Der Bewußtseinszustand, die Aktion aus dem Massenbewußtsein mit der Bezeichnung „industrielle Entwicklung" verursacht den Bewußtseinszustand, die Reaktion „Umweltverschmutzung".

Diese beiden als Beispiel definierte Aktion und Reaktion sollen euch nur bewußt machen, daß ihr in einer Welt von sich selbst bewußter „virtueller" Realität lebt.
Diese Form der Realität kann und wird ständig durch jeden einzelnen von euch beeinflußt und mitgestaltet.
Diese sich selbst bewußte Realität ist das „Hologramm" eures Massenbewußtseins.

Verändern sich nun die „Mitspieler" in dieser Verbindung aus Einzelwesen, indem sie sich dieser Projektionen bewußt werden, so ist eine gezielte Veränderung dieser Massenprojektion nur eine Frage der Zeit.

Ganz ähnlich verhält es sich nun mit euren Krankheiten oder sonstigen Schwierigkeiten.
Hier jedoch ist eure eigene innere Überzeugung die Aktion. Die Reaktion auf eure inneren Überzeugungen ist eure Erkrankung oder das sonstige Problem.
Verändert ihr also die Aktion, also euer Bewußtsein, so verändert sich zwangsläufig auch das Bild eurer Erkrankung oder das eures Problems.

Nun erschallt euer Ruf durch die Weiten des Kosmos: „Ich will ja, aber........."

Ihr wollt ja gesund sein, ihr wollt ja reich sein, ihr wollt ja, aber wie................?

Die Antwort auf euren Ruf wird euch verblüffen, und ihr werdet es wiederum nicht glauben können.
Wenn ihr die Mechanismen von Aktion und Reaktion, von Manipulation und Information, von bewußt-sein und unbewußt-sein begriffen habt, werdet ihr aufhören zu „wollen".

Ihr werdet erkennen, daß ihr nichts mehr wollen müßt, um es zu „haben".
Wenn ihr euch bewußt geworden seid, wenn ihr die Mechanismen erkannt habt, wird es einfach sein.

Kinder des Lichtes, wenn ihr Antwort sucht, so fragt euer Herz.

Die Hilfsteams

Ihr erlebt nicht nur eine Phase kosmischer Bewußtwerdung, ihr gestaltet sie aktiv.

Ihr seid nicht hier auf eurem Planeten, um in fortwährender Dauerfrustration mit Problematiken konfrontiert zu sein, die ihr glaubt, nicht lösen zu können.

Ihr wurdet nicht einfach ohne Überlegung in das „kalte Wasser" der dreidimensionalen Existenz geworfen, um zu sehen, ob ihr denn nun schwimmen könnt oder nicht.

Ist euch noch nie aufgefallen, daß während eures bisherigen Lebens immer dann, wenn ihr absolut nicht mehr weiter wußtet und ihr mit großer Intensität „irgend jemanden da oben" um Hilfe gebeten habt, ihr diese Hilfe auch bekommen habt?
Immer dann, wenn ihr ganz „unten" wart, wenn euch ein Problem mit so großer Wucht „erwischt" hat, daß ihr nicht mehr wußtet, was ihr tun sollt, und eure einzige Möglichkeit, die euch noch blieb, der Schrei nach Hilfe war, ist immer und ohne Ausnahme „etwas" passiert, das euch wieder einen Schritt weitergeholfen hat.

Habt ihr noch niemals darüber nachgedacht, was da vor sich geht?

Für jeden einzelnen von euch gibt es eine Art „Hilfsteam". Wesenheiten, die euch im Prinzip mit Rat und Tat zur Seite stehen und deren Aufgabe es ist, euch zu unterstützen.
Ihr fühlt euch in eurer dreidimensionalen Begrenztheit so allein gelassen, daß ihr nicht einmal auf den Gedanken kommt, diese Hilfsteams um Hilfe zu bitten.
Bisher habt ihr immer nur dann „unfreiwillig" Kontakt aufgenommen, wenn ihr nicht mehr weiterwußtet und „am Ende wart".

Dennoch wäre es euch möglich, Kontakt zu euren Hilfsteams aufzunehmen, die sich in der Regel aus Wesenheiten zusammensetzen, die sich aus den unterschiedlichsten Gründen nicht auf dem Planeten Erde inkarnieren konnten oder wollten, jedoch unterstützend bei dem „*GROSSEN TUN*" mitwirken wollen.

Diese Teams sind ausschließlich für euch da. Sie werden nicht eure materiellen Probleme für euch lösen.
Sie werden nicht eure Krankheit von euch nehmen, obwohl ihnen dies sicherlich möglich wäre.
Sie werden euch helfen, euch selbst zu verändern und somit für euch eine Basis zu schaffen, das aufgetretene Problem selbst zu lösen.

Im Prinzip sind dies für euch Übungen, die ihr mit euren Hilfsteams durchführen könnt, die euch dabei helfen, die Mechanismen eures Geistes und eurer Seele zu verstehen und nachvollziehen zu können.

Ihr seid auf dem Planeten inkarniert, um Veränderungen herbeizuführen. Also müßt ihr selbst auch *tun*. Deshalb erhaltet ihr von euren Hilfsteams immer die Art von Hilfe, die nach „höheren" Gesichtspunkten aus die für euch „richtige" in der jeweils betreffenden Situation ist.

Was ihr zu tun habt, um euer Hilfsteam zu kontaktieren, ist im Prinzip einfach.

Setzt euch hin, geht in die Ruhe und bittet darum, daß euer persönliches Hilfsteam mit euch in Verbindung tritt.
Seid versichert, Kinder des Lichtes, sie werden es tun.

Das Spiel mit den Energien

Da ihr niemals gelernt habt, eure Existenz spielerisch zu betrachten, bewegt ihr euch von einer persönlichen Katastrophe in die nächste.
Situationen, mit denen ihr unvorbereitet konfrontiert werdet, seht ihr euch hilflos ausgesetzt.
Würdet ihr euch endlich die Mühe machen, euch über die Aspekte eurer Existenz Gedanken zu machen, die in ihrer Schwingung oberhalb der Dreidimensionalität liegen, so könntet ihr über das Chaos eurer persönlichen Katastrophen hinaus damit beginnen, eure Existenz als das zu sehen, was sie in der Tat ist - ein ständiges Wechselspiel von Energien und Gegenenergien.

Ihr würdet begreifen, daß unangenehme oder „schlechte" Situationen lediglich Energien oder Zustände von Bewußtsein sind, die ihr selbst zu euch hingezogen habt.

Bewußtsein oder Energie verhält sich anders, als die euch bekannten dreidimensionalen Energien.
Während nach euren physikalischen Gesetzen sich Energien mit unterschiedlicher Polarität anziehen, verhält es sich mit der Energie des Bewußtseins genau umgekehrt.

Seid ihr selbst, ist euer Bewußtsein überwiegend mit „Negativenergien" geladen, so erlebt ihr eine überwiegend „negative" Realität und umgekehrt.
In eurer Hilflosigkeit werdet ihr mit einer unangenehmen Situation konfrontiert, und euch bleibt nichts anderes, als gegen Windmühlen zu kämpfen oder zu resignieren. Beide Möglichkeiten binden oder vergeuden eure so wertvollen Bewußtseinsenergien.
Die weitere Möglichkeit ist diejenige, daß ihr noch immer gegen die Unwägbarkeiten eures Lebens wie ein Löwe kämpft und auf diese Art und Weise eure Energien bindet oder vergeudet.
Würdet ihr alle Situationen und Gegebenheiten eures augenblicklichen Lebens als einen Spiegel betrachten, so könntet ihr in

jeder Situation, die auf euch trifft, die Inhalte eures Bewußtseins bezüglich dieser Situation erkennen.

Da hier jedoch unzweifelhaft eure internen Verdrängungsmechanismen sofort eingreifen und euch selbst suggerieren, daß diese Situation nur deshalb entstanden ist, weil dieser oder jener Mensch ganz einfach „böse" zu euch war oder ist oder weil das Leben einfach generell frustrierend ist und ihr mit solchen Konfrontationen einfach leben müßt, neigt ihr eher dazu, euren Verdrängungssuggestionen zu vertrauen, und vergeudet somit eine weitere Möglichkeit eurer SELBST-Erkenntnis und eurer SELBST-Findung.

Es sei euch an dieser Stelle nochmals gesagt:

Alles, was ihr im Außen, in eurer Realität tagtäglich erlebt und erfahrt, ist die Summe eurer euch selbst bewußten und unbewußten Bewußtseinsinhalte.

Ihr **_habt_** eure Probleme und Unwägbarkeiten, und ihr haltet sie fest wie euren kostbarsten Besitz.

Wenn eure erlebte Realität also tatsächlich lediglich ein Spiegel eurer inneren Überzeugungen und Wertigkeiten ist, was müßtet ihr tun, um eure Realität zu verändern?

Ihr müßtet den Versuch machen, eure scheinbare Sicherheit aufzugeben, und euch in euch selbst fallen lassen.

Ihr müßtet aufhören, euch selbst fortwährend zu belügen und euch selbst zu suggerieren, daß trotz eures begrenzten Lebens alles seine Richtigkeit hat.

Ihr müßtet lediglich damit beginnen, eure Wertigkeiten und eure Be- und Verurteilungen von euch selbst durch kleine Schritte der Erkenntnis zu verändern und zu erweitern. Im gleichen Maße, wie ihr somit euer Bewußtsein zu verändern und zu erweitern beginnt, werdet ihr euer Leben verändern und erweitern.

Ihr werdet somit beginnen, den Zaun eurer eigenen Begrenzung zu erkennen, und gebt euch somit selbst die Möglichkeit und die Energie, den Zaun eurer eigenen Begrenzung einzureißen und die Unbegrenztheit eures Seins in kleinen und für euch selbst zu verarbeitenden Schritten zu erfahren.

Ihr solltet euch selbst jedoch auch darüber im klaren sein, daß in euch selbst so vieles im argen liegt, daß in euch selbst ein katastrophaler Zustand von Desinformation herrscht. Entwickelt also, wenn ihr euch entschließen solltet, einmal den Versuch zu wagen, das zu sehen, was *hinter* einer euch betreffenden Situation liegt, keine Paranoia.

Beginnt mit darüber nachzudenken, was euch eine Situation mitteilen möchte, in der euch ein Taschentuch auf den Boden fällt.

Laßt euch von euch selbst führen und, ihr werdet aus euch selbst heraus erkennen, wovon wir sprechen.

Wenn ihr nun beginnt, mit Informationen, die aus Situationen heraus zu euch kommen, zu üben, so werdet ihr feststellen, daß ihr in dem Moment, in dem ihr die „Hintergrundinformation" erkannt habt, bereits damit beginnt, die Situation ganz einfach aus sich selbst heraus zu verändern.

Ihr werdet feststellen, daß die Bedrohung der Situation der Erkenntnis weicht, und ihr werdet zwangsläufig auch erkennen, daß ihr durchaus fähig seid, durch das Verändern eurer Bewußtseinsinhalte eure Realität zu verändern.

Ihr werdet lernen, daß ihr jederzeit, und mit etwas Übung in relativ kurzer Zeit, mit Situationen und den daraus resultierenden Konsequenzen spielen könnt.

Geht hin, Kinder des Lichtes, und spielt mit den Energien. Es wird euch Freude machen.

Warum ihr auf dem Planeten seid

Im Prinzip möchtet ihr nicht nur wissen, wer ihr seid, sondern es interessiert euch brennend zu erfahren, warum ausgerechnet ihr euch auf diesem eurem Planeten inkarniert habt.

Wäre es nicht auch möglich, den Planeten mit seinen dreidimensionalen Bewohnern durch Energien von außen so zu manipulieren, daß der Prozeß der Transformation stattfindet, ohne daß ihr euch den Gegebenheiten der dritten respektive der vierten Dimension aussetzen müßt?

Nun, generell läßt sich sagen, daß dies ein Vorgang ist, der sich unter Umständen durchführen ließe, wäre dieser Planet nicht bewohnt.
Erklärt sich ein Planet bereit, Leben auf ihm existieren zu lassen, das sich selbst bewußt ist, so bilden der Planet und das auf oder in ihm existierende Leben eine Art Symbiose.
Beide Bewußtseine, also das Bewußtsein des Planeten und das Massenbewußtsein der Lebensformen bilden eine Einheit, wobei jede Lebensform dennoch auch noch für sich selbst als Individuum existiert.

Würde nun von außen versucht, das Bewußtsein des Planeten und das Massenbewußtsein der auf dem Planeten existierenden Lebensformen durch hochschwingende Energiezufuhr auf eine höhere Schwingungsebene zu transformieren, so würde dieser Vorgang weitreichende destruktive Konsequenzen haben.
Dadurch nämlich, daß Bewußtsein in eine Schwingungsebene angehoben würde, für deren Energiepegel das Bewußtsein noch nicht geeignet ist, würde ein Ungleichgewicht der Energien in eben dieser Dimension erreicht.
In erster Linie würde dies normalerweise dazu führen, daß der Planet und die auf ihm existenten Lebensformen durch die hohe Schwingungsenergie zerstört würden.

Weiterhin wären eine ganze Anzahl von bewohnten Welten der fünften Dimension durch dieses Energieungleichgewicht in der Form betroffen, daß gewaltige Energieentladungen oder Energiestürme durch das Universum fegen würden und alles, was ihnen in die Quere kommt, einfach vernichten würden. Diese Energiestürme würden so lange wüten, bis sich die Energien, die künstlich aus der dritten in die fünfte Dimension „implantiert" wurden, der hohen Energieschwingung der fünften Dimension angeglichen haben.

Im Prinzip würden die Wesen, die ihr als der „dunklen" Seite zugehörig bezeichnet, gern derartige Störungen hervorrufen. Jedoch ist ihnen dies aus verschiedenen Gründen nicht möglich. Letztendlich würden sie sich ohnehin selbst schaden, da ihre Welten von dem Energiechaos ebenso betroffen wären wie andere.

Was also getan werden muß, um eine Welt wie die eure für einen Übergang in eine höhere Dimension vorzubereiten, ist also, das Bewußtsein des Planeten und das Massenbewußtsein in seiner Schwingung so anzuheben, daß diese Schwingungserhöhung den Planeten nach und nach von der dritten Dimension über die vierte hin zur fünften Dimension bringt.
Dies gilt jedoch nicht nur für das Massenbewußtsein der auf dem Planeten existierenden Lebensformen, sondern auch für das Bewußtsein des Planeten selbst.

Als ihr euch bereit erklärt habt, euch für eure Aufgabe zur Verfügung zu stellen, war euch bewußt, daß ihr dazu beitragen sollt, das Massenbewußtsein der menschlichen Rasse nach und nach in seiner Schwingung zu erhöhen, und zwar in dem Maße, wie es für die Symbiose von Planet und den weiteren Lebensformen zu verkraften und zu verarbeiten ist.

Als eure Seelen ihre Körper in Anspruch genommen haben, ist euch all euer Wissen in Vergessenheit geraten.

Nach und nach, durch eine Vielzahl von Geschehnissen und durch eine Vielzahl von Informationen, die ihr erhaltet, fängt eure Erinnerung wieder an, aktiv zu werden.

Da ihr euch nun immer mehr eurem „Ur-Wissen" zuwendet, mag es durchaus sein, daß während eurer Umstellungsphase auch eure dreidimensionale Erinnerungsfähigkeit leidet.

Kurz gesagt, es wäre durchaus „normal" in der Zeit eurer Umstellung, daß ihr gewaltige Erinnerungsprobleme habt.

Nun, wie jedoch paßt diese Erzählung mit den Göttern zusammen, die ja hier auf dem Planeten sind, um ihre dreidimensionalen Erfahrungen zu vervollkommnen, und von denen wir erzählt haben, daß sie als Gegenleistung den Planeten erheben werden?

Erinnert euch daran, daß in eurer Dimension einer geistigen Ursache eine dreidimensionale Wirkung folgt.

Die geistige Ursache kommt von den Göttern - die dreidimensionale Ursache seid ihr, die Kinder des Lichtes, die ihr gekommen seid die Erhebung des Planeten und all seiner Lebensformen einzuleiten und durchzuführen.

Ihr seid also hier, um die Erhebung des Planeten, seine Transformation in die fünfte Dimension als unmittelbar Beteiligte einzuleiten, da ihr selbst ein Teil des Massenbewußtseins seid, und der Vorgang der Transformation somit auf natürliche und harmonische Art und Weise durchgeführt werden kann und wird.

Die erste, zweite und dritte Welle

Ihr seid genau genommen Opfer der Erziehung, die eure Eltern euch haben angedeihen lassen.
Wären eure Eltern anders mit euch umgegangen, hätten sie euch anders behandelt, hätten sie euch anderes gelehrt, so wärt ihr heute andere Menschen, als ihr es nun eben einmal seid.

Dennoch ist die Vergangenheit vergangen, und die Zukunft werdet ihr aus der Gegenwart gestalten.

So jedoch, wie eure Eltern euch durch ihr Verhalten geprägt haben, so ergeht es auch euren Kindern mit euch.
Nicht nur das, was ihr euren Kindern erzählt, wird sie prägen, sie werden euch sehr genau beobachten und sich später so verhalten, wie sie es von euch gesehen haben.
Erzählt ihr also euren Kindern, daß sie alles erreichen können, was sie wollen, so werden sie sich eines Tages fragen, warum ihr nicht all das erreicht habt, was ihr erreichen wolltet.
Wenn ihr ihnen erzählt, ihr wärt Kinder des Lichtes und verhaltet euch jedoch so, als wärt ihr Kinder der Unwissenheit, so werden sie euch eines Tages fragen, ob Licht und Unwissenheit ein und dasselbe ist.

Ihr könntet von euren Kindern lernen, würdet ihr eure Erwachsenenarroganz und Ignoranz überwinden und eure Kinder nicht so behandeln, wie ihr bei euch eben Kinder behandelt.

So wie die erste Welle von Lichtgeborenen vor einigen Jahrzehnten mit ihrer Bewußtwerdung begann und mittels ihrer Fähigkeiten viele von euch auf den Weg der Bewußtwerdung brachten, so werdet ihr, die zweite Welle der Lichtgeborenen, dafür Sorge zu tragen haben, daß eure Kinder nicht durch eure Worte, sondern durch euer Tun von euch lernen und sich selbst bewußt werden.

Viele, die der ersten Welle angehörten, sind der Verwirrung der dunklen Mächte anheimgefallen.

Es waren vergleichsweise nur wenige der ersten Welle auf eurem Planeten, die dem Ansturm der Energien der Dunkelheit auf Dauer standhalten konnten.

Ihr, die ihr der zweiten Welle der Bewußtwerdung angehört, könnt die Früchte ernten, die diejenigen der ersten Welle gesät haben.

Ihr braucht nicht mehr zu befürchten, daß die Dunkelheit sich eurer bemächtigt, so ihr dem Lichte und der Liebe zugewandt seid und in euch selbst über Wahrheit und Unwahrheit entscheidet.

Die dritte Welle der Bewußtwerdung sind eure Kinder und die Jugendlichen, von denen bereits heute viele über „übernatürliche" Fähigkeiten verfügen.

Mit wem jedoch sollen sie sprechen? Wem sollen sie vertrauen, wenn nicht euch?

Doch ihr seid noch viel zu sehr mit euch selbst beschäftigt, um zu bemerken, daß viele eurer Kinder mehr Fähigkeiten haben als ihr selbst.

Ihr tut wiederum das, was eure Eltern mit euch getan haben. Ihr beachtet das Besondere an euren Kindern nicht und treibt sie somit in das Abseits des „Anders-seins", jedoch nicht „Anderssein-Wollens", das viele von euch selbst erlebt haben.

Ihr, die ihr der zweiten Welle der sich bewußt Werdenden angehört, seid wiederum unterteilt in diejenigen, deren Bewußtwerdungsprozeß bereits ein ganzes Stück vorangeschritten ist und diejenigen, die erst beginnen, Teile ihrer Erinnerung wiederzufinden.

Gleich-gültig zu welcher Kategorie ihr selbst euch rechnet, seid euch bewußt, daß ihr Teilaspekte eines gigantischen Planes seid und es durchaus seine „Richtigkeit" hat, wenn ihr nicht alle gemeinsam beginnt, euch zu erinnern.

Viele von euch sind noch dabei, sich selbst zu erkennen und zu lernen, daß ihr Gefühl anders zu sein, das sie teilweise schon lange in sich tragen und das sich individuell unterschiedlich mehr oder weniger stark in euch breitgemacht hat, durchaus zutreffend ist.

kbtar ne der noch obt ol mos den der

Erkennt, daß ihr seid, wer ihr seid

Erkennt die „Aufgabe eurer Erkenntnis"

Viele von euch sind noch blockiert durch ihre, wie wir sie einmal nennen möchten, „Aufgabe der Erkenntnis", die sie zunächst noch zu „erledigen" haben.

Inkarniert sich eine Seele in einem Körper, so ist dies immer verbunden mit einer Erkenntnis, die diese Seele aus dieser Inkarnation ziehen muß.

Es mag durchaus sein, daß ein Mensch sich sein ganzes Leben lang plagt und vor sich hin lebt und dabei immer wieder mit einer Problematik konfrontiert wird, die sich als „roter Faden" durch das Leben zieht.

Diesem Menschen mag es durchaus gelingen, durch fortwährendes Training seiner Verdrängungsmechanismen die Erkenntnis oder Lehre, die seine Seele aus dieser Inkarnation zu ziehen hätte, bis zum Augenblick seines physischen Todes hinauszuschieben.

In dem Moment jedoch, in dem die Seele sich aus der Umklammerung des vergehenden Körpers löst, wird sie innerhalb eines Bruchteiles einer Sekunde eine Erkenntnis erlangen. Somit ist sichergestellt, daß diese Inkarnation nicht vergebens war und die Seele sich in ihrer nächsten Inkarnation einer anderen Aufgabe widmen kann.

Eine Seele, die sich inkarniert hat, um sich tatsächlich weiterzubilden, stehen, so sie dies wünscht, nicht nur eine Aufgabe, die nach „Er-Lösung" strebt, zur Verfügung, sondern Aufgaben in fast unbegrenzter Vielfält zur Auswahl.

Bevor eine Seele sich inkarniert, legt sie sehr genau fest, was ihre „Hauptaufgabe" und was unter Umständen wünschenswerte „Nebenaufgaben" sind.

Hat eine Seele ihre „Hauptaufgabe" erfahren, so hat sie die Möglichkeit, die natürliche Lebensspanne ihres Körpers noch auf dem Planeten zu verbringen.

Sie ist nicht gezwungen, ihre „Nebenaufgaben" zu lösen oder „er-lösen".

Da ihr als Angehörige der Lichtfamilie nun die Gesetzmäßigkeit der „Hauptaufgabe" einer Inkarnation auch nicht umgehen könnt, hat ein jeder von euch das zu tun, was zu tun bleibt.

Wenn ihr in euch geht und nach der Problematik sucht, die euer individueller „roter Faden" ist und ihr versucht die Erkenntnis aus eurer Problematik zu ziehen, die daraus eben für euch zu ziehen ist, so setzt ihr Bewußtseinskapazität ungeahnten Ausmaßes in euch frei.
Ihr seid auf diese Art und Weise wiederum einen Schritt in eurer Bewußtwerdung weitergekommen und seid nun frei, um euch eurer tatsächlichen Aufgabe zu widmen, die ihr euch vorgenommen habt zu tun.

Vergeßt nicht, daß ihr lediglich an den kleinen Dingen eures täglichen Lebens zu lernen braucht, mit den Energien oder Informationen zu spielen.
Eure Realität ist der Spiegel eures Selbst.
Wenn euch euer Spiegelbild nicht gefällt, so braucht ihr nur eure inneren Überzeugungen zu verändern, und euer Spiegelbild verändert sich.

Seid versichert, es ist nicht besonders schwer, eure „Hauptaufgabe" zu lösen.
Der erste Schritt jedoch wird immer sein, sie zunächst zu erkennen. Habt ihr euer Hauptproblem erkannt und analysiert, so habt ihr den Weg, es zu er-lösen, bereits begonnen zu gehen.

Seht in euren Spiegel und erkennt euch selbst, Kinder des Lichtes, und seid euch bewußt, daß der erste Schritt immer der schwerste ist.

Die Zeit des Vergessens

Der Zeit des Vergessens geht unmittelbar die Zeit des Loslassens voraus.

Es ist nicht Sinn und Zweck eurer Inkarnation, euch von einer Problematik zur nächsten zu begeben.
Würdet ihr euch durch eure Angst vor dem, was da kommen könnte, nicht ständig selbst blockieren und euch von dem Fluß der Information, der ständig durch euch rauscht, abschneiden, so wärt ihr bereits wieder diejenigen, die zu sein ihr euch vorgenommen hattet, bevor ihr auf diesen Planeten kamt.

Es ist nicht eure Aufgabe, euch mühsam von einer Erkenntnis zur nächsten zu bewegen, um schließlich und endlich eines schönen Tages auf natürliche Art eure dreidimensionale Inkarnation zu beenden.
Wäre es euch möglich, all das, was ihr bis jetzt in eurer Inkarnation erlebt und erfahren habt, hinter euch zu lassen, so wärt ihr eurem wahren Selbst näher als je zuvor.
Allein der Gedanke, alles, was ihr bisher erreicht habt, einfach hinter euch zu lassen, bereitet euch immenses Unbehagen.
Eure Furcht davor, euch selbst zu verlieren, ist in euch noch übermächtig.

Wärt ihr fähig und in der Lage, tatsächlich loszulassen, so könntet ihr all das weitestgehend mühelos erreichen, was ihr im Prinzip die ganze Zeit erreichen wollt und für das ihr eine Unmenge von Büchern lest und eine Vielzahl von Seminaren von obskuren Lehrern besucht.

Das Paradoxon des Loslassens ist das, daß ihr, sobald ihr etwas oder jemand losgelassen habt, dieses oder diesen fester an euch bindet oder, anders ausgedrückt, etwas oder jemand nicht mehr unbewußt von euch weist.

So lange ihr einen Wunsch habt, gesteht ihr euch selbst in den tieferen Schichten eures Bewußtseins ein, das ihr über das, was ihr euch wünscht, ***nicht*** verfügen könnt.

Solange ihr über das, was ihr euch wünscht, nicht verfügen könnt, seid ihr wiederum ein Opfer eurer eigenen inneren Überzeugungen, die euch fortwährend suggerieren, warum ihr derzeit nicht in der Lage seid, dieses oder jenes zu euch gelangen zu lassen.

Ihr selbst erklärt euch, warum ihr das, was ihr nicht habt, eben auch weiterhin nicht haben werdet, denn........... - und hier wiederum greifen eure ureigenen persönlichen und einprogrammierten Überzeugungen.

Das jedoch, was ihr euch so sehr ersehnt, könnt ihr nicht loslassen, da euch die Mechanismen der Umwandlung von Bewußtsein in Materie oder, wie ihr es auszudrücken pflegt, zu manifestieren noch nicht vertraut sind.

Ihr könnt und wollt euch einfach nicht vorstellen, daß ihr auf einfachem und weitestgehend unanstrengendem Wege all eure Bedürfnisse befriedigen könnt.

Materieller Besitz bindet euch an die Materie.

Dies bedeutet jedoch nicht, daß ihr euch eure materiellen Wünsche versagen sollt.

Würdet ihr euch nicht als Besitzer materieller Dinge sehen, sondern bestenfalls als deren Verwalter, der jederzeit über das materielle Gut, das es zu verwalten gilt, verfügen kann, so wärt ihr bereits wiederum einen Schritt weiter gegangen in eurer Bewußtwerdung.

Ihr mögt es nun glauben oder nicht, all das, was ihr benötigt, um in eurer Inkarnation glücklich und zufrieden zu sein, steht euch zu, und niemand außer euch selbst versagt euch die „Verwaltung" materieller Güter.

Ihr lebt noch immer in der Vorstellung, daß, seid ihr wohlhabend an materiellen Gütern, ihr anderen Menschen „etwas" wegnehmen könntet.

Das andere Extrem, dem noch immer einige von euch nachgehen, ist das Prinzip der gebrauchten Ellenbogen. Dies sind noch immer diejenigen von euch, die der Meinung sind, daß sie, bevor sie ihrer „spirituellen" Entwicklung nachgehen, zunächst die materiellen Mittel dazu benötigen.

Ist es für euch von wesentlicher Bedeutung, ob ihr in einem Haus wohnt, das euch „gehört", oder ist es für euch wichtiger, an einem harmonischen Ort zu leben?

Nach welchen Werten urteilt und beurteilt ihr?
Wißt ihr, was in zwei oder fünf oder zehn Jahren nach eurer Zeitrechnung für euch noch von Bedeutung ist?

Warum versucht ihr ständig, nach Besitz zu streben?
Warum beginnt ihr nicht endlich damit, nach Erkenntnis zu streben und das um euch zu haben, wonach ihr euch im tiefsten Inneren eures Herzens sehnt?

Da ihr euch eure eigenen Probleme nicht im Detail ansehen mögt, sucht ihr nach etwas, das eurem Streben nach Verdrängung Ausdruck verleiht.
Was letztendlich übrigbleibt von eurer Selbstlüge, ist der Wunsch nach finanziellem Reichtum, von dem ihr glaubt, er würde eure Sorgen und Nöte beenden.
Was ihr jedoch nicht wißt, da eure Verdrängungsmechanismen perfekt geschult sind, ist, daß Reichtum eure Probleme nicht lösen, sondern lediglich verlagern würde.
Eines Tages müßtet ihr erkennen, daß sich nichts Wesentliches in eurem Leben verändert hat, und ihr würdet wiederum dort beginnen, wo ihr heute bereits steht.

Geht in euch, erkennt euch selbst, und ihr werdet alles gewinnen.

Laßt das, was ihr euch wünscht, einfach los. Vergeßt es, denkt nicht mehr daran, und ihr werdet erstaunt sein, wie schnell es in euer Leben tritt.

Habt ihr den Weg in euch selbst begonnen zu beschreiten, so werdet ihr euer altes Wissen wiedererlangen und ihr werdet aus der Tiefe eures Herzens heraus über all das verfügen, was ihr zum Leben braucht und was ihr benötigt, um aus euch selbst heraus glücklich und zufrieden zu sein.

Das Syndrom des „Helfen-Wollens"

Ihr liebt es, von euch sagen zu können, daß ihr fähig und in der Lage wart, anderen Menschen zu helfen.

Kaum etwas kann euch davon abhalten, habt ihr erkannt, daß ein Mensch in eurer Nähe mit einer Schwierigkeit behaftet ist, diesem Menschen Ratschläge zu erteilen, diesem Menschen zu „helfen".

Wie die Geier auf das Aas stürzt ihr euch auf das Leben und die Erfahrungen anderer Menschen, nur um euch selbst das Gefühl zu vermitteln, geholfen zu haben und euch damit eurer eigenen Idealvorstellung des „Gut-Seins" angenähert zu haben.

Das Problem des anderen, für dessen Lösung ihr eine ganze Anzahl von Lösungsvorschlägen präsentieren könnt, ist im Prinzip jedoch nichts anderes, als eine Projektion eurer eigenen tiefsitzenden und in euch selbst verborgenen Schwierigkeiten, Probleme und Programmierungen, für die ihr jedoch keine Lösungen findet.

Habt ihr auf Anhieb für die Schwierigkeiten des anderen Menschen keine „Ideallösung", so fordert ihr den Menschen auf, zunächst das eine und, sollte dies nicht so funktionieren, wie ihr es euch in eurer begrenzten Phantasie vorgestellt habt, das andere zu versuchen.

Ihr selbst jedoch seid so sehr in eure eigenen Problematiken verstrickt, daß ihr für euch selbst nicht einmal im Traum daran denkt, von eurem eingefahrenen Weg abzuweichen und unterschiedliche Lösungswege für euch selbst „auszutesten".

Ihr seid Theoretiker ersten Grades, und euer Verstand ist fortwährend in euch aktiv.

Euer Verstand erzählt sich selbst das, was er hören möchte, und ihr seid nur zu gern bereit, alles zu akzeptieren, was euer Verstand in euch projiziert.

Ihr solltet einmal darüber nachdenken, ob ihr nicht den anderen Menschen das als Lösung vorschlagt, was für euch selbst der Weg der Lösung eures eigenen Problemes wäre.

Je mehr ihr das Bedürfnis habt, anderen Menschen zu helfen und ihnen als Berater zur Seite zu stehen, desto größer ist die Wahrscheinlichkeit, daß ihr selbst der Hilfe und Unterstützung benötigt.

Je mehr ihr das Bedürfnis habt, anderen Menschen zu helfen, desto mehr habt ihr das Bedürfnis, euch selbst von euren eigenen Problematiken und eigenen Lebensaufgaben abzulenken.

Das Bedürfnis, anderen Menschen zu helfen, resultiert aus dem Bedürfnis eures Verstandes, die von ihm selbst aufgestellten Regeln des „Gut" und „Böse"-Seins zu bestätigen.
Je erfolgreicher ihr dabei seid, den anderen Menschen bei ihren Schwierigkeiten zu helfen, indem ihr ihnen Ratschläge erteilen könnt, die ihnen für den Augenblick tatsächlich weiterhelfen, desto mehr lenkt ihr euch von euch selbst ab, denn ihr möchtet aufgrund eurer Erfolge immer mehr Hilfe leisten.

Was, so fragen wir euch, würde geschehen, würdet ihr einen Menschen, der euch mit einem seiner Problematiken konfrontiert, keinerlei Ratschläge erteilen?
Was, so fragen wir euch, würdet ihr über euch selbst denken, wie würdet ihr euch selbst beurteilen und bewerten, würdet ihr einem Menschen bewußt die Hilfe versagen, weil ihr zu der Erkenntnis gelangt seid, daß dieser Mensch mit seinem Problem allein bleiben sollte, um endlich, endlich die Ursache seines Problems erkennen zu können?

Ihr würdet euch egoistisch fühlen, ihr würdet euch selbst als Mensch bezeichnen, der nichts anderes als sich selbst im Kopf hat.

Wäre es für euch nicht an der Zeit, den kolossalen Wert eines ständigen, fortwährenden Problems zu erkennen?

Könntet ihr über die Grenzen eures Schafstalles hinausblicken, so müßte euch bewußt werden, daß ein auftretendes Problem immer und ohne Ausnahme im gleichen Maße, wie es euch frequentiert, auch die Lösung in sich trägt.
Fragen könnt ihr euch nur dann stellen, wenn ihr die Antwort in euch tragt.
Probleme können euch nur dann betreffen, wenn ihr die Lösung bereits in euch tragt.

Wenn ihr damit aufhört, euch dem Syndrom des „Helfen-Wollens" hinzugeben, so wird es euch möglich sein, euch den fortwährenden Fragen in euch selbst hinzugeben.
Wenn ihr euch euch selbst zuwendet, so werdet ihr erkennen können, daß ihr eure Probleme selbst lösen könnt, weil ihr nicht mehr die Probleme eines anderen zu den euren macht.
Dies wird wiederum die Energien in euch freisetzen, die ihr selbst benötigt, um euch *Selbst* in eine neue Stufe der Erkenntnis zu erheben.

Wenn es euch gelungen ist, Kinder des Lichtes und der Liebe, EINS mit euch selbst zu sein, so werdet ihr ebenso erkennen, daß es für euch nicht mehr notwendig sein wird, anderen zu helfen, indem ihr ihnen Lösungsvorschläge für deren Problem konstruiert. Ihr werdet dann durch das strahlende Licht der Erkenntnis, das in euch wohnen wird, den anderen Vorbild und somit Lehrer sein, ohne daß ihr für euch selbst die Bestätigung brauchen werdet, von den anderen als Lehrer bezeichnet zu werden.

Ihr werdet einfach so sein, wie ihr seid, und es wird mehr als nur ausreichen, um den anderen Menschen, die euch suchen werden, weiterzuhelfen.

Ihr, die Kinder des Lichtes, werdet nur noch ihr selbst sein, und die anderen werden ohne viele Worte verstehen, was ihr ihnen zu sagen habt.

Ken no eb don den mer

Bereits ein kleines Licht vertreibt
den Schatten der Dunkelheit

Die subjektive Objektivität

Könntet ihr endlich damit aufhören, euch an die Regeln und Dogmen eurer gesellschaftlichen Normen zu halten, und das tun, was ihr gerne tun möchtet, so würdet ihr euch selbst die SELBST-Erkenntnis bescheren.

Was ihr jedoch unmittelbar mit der Vorstellung, nicht mehr durch Reglement abgesichert zu sein, verbindet, ist der Gedanke an Unordnung, Kriminalität und Anarchie.
Alles in eurer Gesellschaft basiert auf der Vorstellung, daß es für euch so etwas wie die „absolute Objektivität" gibt.
Diese eure Vorstellung der absoluten Objektivität setzt voraus, daß es etwas oder jemanden auf eurem Planeten geben müßte, das oder der fähig und in der Lage ist, festzustellen, was nun die „normale Norm" ist und wo die Grenzen der „Abnormität" beginnen.
Da ihr jedoch alle im Prinzip als inkarnierte Menschen eben Menschen seid, ist das Festlegen von Grenzen, innerhalb deren sich die „Normalität" bewegt, eben wiederum eine Angelegenheit, die von einem oder mehreren Menschen festgelegt wird, und somit wiederum doch subjektiv.

Die festgelegten Grenzen eurer scheinbaren Objektivität, mit denen ihr feststellt, ob ein Mensch „normal" oder „verrückt" ist, die Grenzen, innerhalb derer ihr beurteilt und bewertet, ob ein Mensch ein „Verbrecher" oder ein „gesetzestreuer" Mensch ist, oder welche Bewertung oder Beurteilung ihr auch immer heranziehen wollt, die Grundlage eurer Bewertungen ist immer und ohne Ausnahme eine subjektive, die aufgrund der verschiedensten Umstände euch als die „absolute Objektivität" präsentiert wurde.

In der Tat wäre die Wahrscheinlichkeit sehr groß, gäbe es von heute auf morgen keinerlei gesetzliche Regelungen mehr in eurer Zivilisation, daß schlagartig Chaos und Anarchie herrschen, da die wenigsten von euch in der Lage wären, mit diesem Umstand umzugehen.

Verbrechen, die sich gegen euren materiellen Besitz wenden, können nur begangen werden, da ihr noch nicht erkannt habt, daß ihr tatsächlich *nichts* besitzen könnt.

Verwirrte Geister töten die Körper inkarnierter Seelen, um sich deren Besitz anzueignen.
Ihr laßt Menschen für unzurechnungsfähig erklären, um euch deren Besitz zu eigen zu machen.
Ihr begeht Verbrechen vielfältiger Art, wie ihr sagt, „Liebe".

Was, so fragen wir euch, könnt ihr besitzen, wenn All-es aus dem Bewußtsein des EINEN besteht?
Wie könnt ihr aus „Liebe" töten, wenn Liebe nicht bewertet und nicht fragt?

Wie nutz- und sinnlos wären Verbrechen gegen euren Leib und euren „Besitz", wenn ihr erkennen müßtet, daß ihr durchaus in der Lage seid, materielle Güter jeglicher Art aus eurem Geiste entstehen zu lassen?

Wie sinnlos wären destruktive Taten aus „Liebe", wenn ihr erkannt hättet, daß die tatsächliche Liebe in sich neutral ist und geschehen läßt, was zu geschehen hat.

In einigen eurer Länder werden Taten gegen den Besitz eines Menschen mit härteren Strafen belegt, als bei Taten gegen das Leben eines Menschen.

Seid ihr noch immer so blind, daß ihr nicht sehen *wollt*, daß alles in eurer Welt sich am Egoismus und am Besitztum materieller Güter orientiert?

Wenn ihr beginnt zu erkennen, daß die Reglements eurer Gesellschaft, die als absolute Objektivität die Grundlage für alle Gegebenheiten in eurer Zivilisation darstellen, und wenn ihr aus euch selbst heraus erkennt, daß diese „Objektivität" lediglich eine Form gut „verkaufter" Subjektivität repräsentiert, so müßte euch wiederum bewußt werden, daß euch lediglich eine Falle gestellt wurde, die so gut getarnt war, daß ihr sie bis heute nicht erkannt habt.

Begebt euch, Kinder des Lichtes und der Liebe, hinaus aus der Begrenzung objektiver Subjektivität und lernt, daß die Vorstellungen, die euch euer eigener Geist vermittelt, die tatsächliche für euch gültige Wahrheit sind.

Konstruktive und destruktive Gefühle

Ihr lebt in der Überzeugung, Gefühls- und/oder Verstandesmenschen zu sein.

Getreu eurer vielfältigen Programmierungen ordnet ihr meist den Frauen das Gefühl und den Männern den Verstand zu.

Nun, da ihr ja „spirituell" seid, dokumentiert ihr euer „Anders-Sein" oftmals dadurch, daß ihr euch dazu „entschließt", je nachdem welchem Geschlecht ihr angehört, „bewußt" eure weibliche oder männliche Seite zu leben.

Männer, die versuchen, ihre „Männlichkeit" nach außen zu tragen, definiert ihr als „Machos", Männer, die ihre Männlichkeit nicht besonders betonen, als „Softies".

Frauen werden von euch als „Emanzen" als „karrieregeil" oder als „Mauerblümchen" definiert.

Ihr definiert Gefühle als Gefühle und denkt nicht über die Aspekte der konstruktiven oder destruktiven Gefühle nach.

Wenn ihr euch ver-liebt habt, so seid ihr davon überzeugt, daß ihr absolut im Gefühl lebt.

Wenn ihr deprimiert seid, wo lebt ihr dann?

Wenn ihr frustriert seid, wenn ihr Aggression in euch fühlt, Haß, Zorn, Verzweiflung, seid ihr dann auch im Gefühl?

Hört in euch hinein.

Warum definiert ihr Emotionen positiver Art, wie das Emotionsspektrum, das ihr im Zusammenhang mit eurem ver-liebt sein empfindet, als Gefühle, habt aber andererseits wiederum Schwierigkeiten damit, eure negativen Emotionen dem herkömmlichen Spektrum von Gefühlen zuzuordnen?

Als Gefühlsmenschen definiert ihr im Prinzip Menschen, die von sich behaupten, Entscheidungen „aus dem Bauch" heraus zu treffen.

Diese Menschen weichen insofern von eurer Norm ab, als daß sie nicht offensichtlich mit ihrem Verstand für und wider abwägen und aufgrund des daraus resultierenden Ergebnisses eine Entscheidung treffen.

Ihr müßtet, da ihr sonst auch alles so genau innerhalb eurer Grenzen festlegt und bestimmt, diese „Bauchentscheider" als Intuitionsmenschen bezeichnen.

Da sich die wenigsten von euch jemals tatsächlich mit sich selbst auseinandergesetzt haben, so haben sich die meisten von euch *niemals* mit ihren Gefühlen tatsächlich auseinandergesetzt.

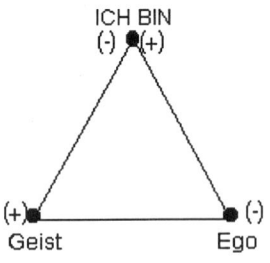

Das ihr selbst und somit euer SELBST sich aus zwei Aspekten zusammensetzt, die, miteinander verbunden das Ganze, also euch SELBST ergeben, und ihr nach wie vor in der Polarität lebt und auch weiter leben werdet, ist alles in euch zweigeteilt.

So sind die beiden Aspekte eures SELBST oder das „ICH BIN" unterteilt in den Aspekt des Verstandes und den Aspekt des Gefühls.

Das (+) definiert die Konstruktivität, das (-) die Destruktivität.

Das (+) des „ICH BIN" liegt dem (-) des Egos gegenüber, und das (-) des „ICH BIN" liegt dem (+) des Geistes gegenüber, da die Pole (+) und (-) sich immer gegenüberliegen müssen, da die „Endsumme" immer das Nichts sein *muß*.

Da die Konstruktivität dem Geist entspringt, bleibt dem Ego nur die Destruktivität.

Schenkt ihr unseren Worten keinen Glauben, so betrachtet euch den Zustand, in dem sich eure Welt befindet.

Da ihr bisher immer in der Welt des Verstandes beheimatet wart, so mag euch dieser Schluß nicht schwerfallen.

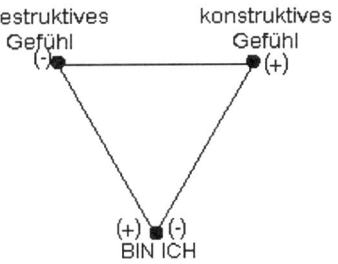

Ebenso wie euer „ICH BIN" oder euer SELBST in zwei Aspekte unterteilt ist, so ist auch die Welt eurer Gefühle in konstruktive Gefühle und destruktive Gefühle zu unterteilen.

Aus dem Widerspruch eurer Gefühle in euch resultiert der Zweifel, und somit wird aus dem „ICH BIN"(!) das „BIN ICH"(?)

Um euch selbst die Frage nach den destruktiven und den konstruktiven Gefühle zu beantworten, müßtet ihr wiederum nur in euch selbst hineinsehen.

Dennoch fügt ihr selbst Begriffen wie Zorn, Neid, Ärger die Negativität und Begriffen wie Freude, Hoffnung oder Begeisterung die Positivität zu.

Woraus nun entstehen eure Gefühle?
Bei den konstruktiven Gefühlen fällt euch die Antwort relativ leicht. Positive Ereignisse, die von außen auf euch treffen, lösen in euch diese Gefühle aus. In einigen, meist kurzen Augenblikken eures Lebens erlebt ihr dererlei Gefühle auch ohne jeden Grund. Sie entstehen einfach in euch und werden meist sehr schnell durch eure Gedanken wieder verjagt.
Ihr selbst projiziert diese Gefühle in euch. Körperlich oder materiell gesehen, werden, verursacht durch einen Gedankenimpuls, ein oder mehrere unterschiedliche Hormone in eurem Körper ausgeschüttet, die eben das eine oder andere Gefühl in euch aufwallen lassen.
Gefühle, gleich-gültig welcher Art, sind nichts anderes als Gedankenprojektionen.

Verbindet ihr das nach oben gerichtete Dreieck „ICH BIN", Geist und Ego mit dem nach unten gerichteten Dreieck „BIN ICH", konstruktives Gefühl und destruktives Gefühl miteinander, so ergibt sich ein großes Ganzes, das sich zwangsläufig geometrisch

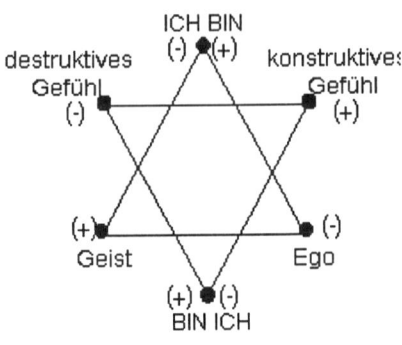

als „Sechsstern" oder Hexagramm ausdrückt.

Alle Polaritäten liegen sich jeweils gegenüber und können jeweils untereinander neutralisiert werden.
Die jeweils gegenüberliegenden Punkte können einander zugeordnet werden und ergeben den Zustand eures Seins.

Das euch alle beherrschende Gefühl ist das destruktive Gefühl der Angst.
Während euer Geist seine konstruktiven Gefühle in der Regel dann projiziert, wenn eure Gedankenwelt sich dem konstruktiven Aspekt des Geistes annähert, reagiert euer Verstand jeweils dann mit der Projektion von destruktiven Gefühlen, wenn es ihm von Nutzen ist oder er sich und seine Macht bedroht fühlt.
Euer Verstand reagiert wie ein egoistisches Kind, das die Möglichkeit erhalten hat, mit Energien zu spielen, um sein ausgeprägtes Machtbedürfnis zu verwirklichen.

Euer Verstand wird in euch immer dann ein destruktives Gefühl projizieren, wenn es ihm von Nutzen ist oder er seine scheinbare Macht bedroht fühlt.
Seht euch eure ausgeprägt materialistische Welt mit ihren machtbesessenen Politikern an, und projiziert diese äußere Welt in euch hinein. Dadurch erhaltet ihr ein originalgetreues Bild von euch selbst.

Ihr könnt euch immer und ohne Ausnahme absolut sicher sein, daß, wenn ihr destruktive Gefühle, wie Haß, Aggression oder Angst in euch spürt, euer Verstand dafür verantwortlich ist.

Euer Verstand beurteilt, bewertet und vergleicht alle linearen Abläufe und erzeugt in euch eine Einschätzung der Situation. Ist die Beurteilung der Situation dem Interesse eures Verstandes gegengerichtet, so wird eurer Verstand mit der Kenntnis über euer ICH BIN und seinen Möglichkeiten, die er erhalten hat, als er die ursprüngliche Plazierung eures ICH BIN eingenommen hat, euch in eine euch angenehme Richtung lenken und leiten.

Wir sprechen von eurem Verstand, als wäre er eine eigene Lebensform.
Ihr könnt in der Tat davon ausgehen, daß es sich tatsächlich so verhält.
Erst wenn es euch gelungen ist, in eurer inneren Geometrie eine Rechtsdrehung um 1-2-0 Grad zu machen, seid ihr wieder ICH BIN und verfügt wieder selbst über eure beiden Aspekte.
„1", die Erkenntnis eures SELBST, „2", die Erkenntnis und Akzeptanz, daß ihr im gleichen Maße „Gutes" und „Böses" in euch tragt, führt euch zur „0", der Neutralität in euch selbst.

Beginnt nun nicht, euren Verstand zu hassen, denn ihr müßtet eines Tages erkennen, daß euer Verstand euren Verstand haßt.
Versucht nicht, euren Verstand zu „verlieren", denn ihr müßtet eines Tages erkennen, daß euch ein wichtiger Aspekt eures ICH BIN fehlen würde.

Werdet euch lediglich bewußt, daß ihr, gleich-gültig was ihr im Augenblick über euch denkt, von eurem Verstand beherrscht werdet.
Entschließt euch lediglich, eurem Verstand „auf die Schliche kommen zu wollen", und gebt euch selbst die dafür not-wenige Zeit.

So werdet ihr euch in euch selbst um 120° nach rechts drehen, und ihr werdet sein, wie ihr wart - eins mit euch selbst...............

„Verwirrende" Spiele mit Zahlen- und Geometrie- bewußtsein

Ihr seid beherrscht von eurer Angst.
Die Vielzahl an Informationen, die ihr zu dieser Qualität der Zeit erhaltet, macht es euch nicht unbedingt einfacher, eure Wahrheit zu finden.

Nach welchen Kriterien wird der Wechsel in die höhere Schwingungsebene der fünften Dimension durchgeführt werden?
Seid ihr, die ihr gerne dabei sein „wollt", auch tatsächlich diejenigen, die dem Prozeß der Transformation unterliegen?
Kann es nicht doch sein, daß ihr nicht „gut" genug seid und ausgeschlossen sein werdet?
Wird es nicht so sein, daß ihr zurückbleiben müßt, und die anderen gehen?
Werdet ihr dann nicht auf dem Boden eures Planeten stehen und den anderen nachblicken, die sich, wie ihr es formuliert, in das Licht begeben?

Hättet ihr bereits eure SELBST-Erkenntnis erlangt, so würdet ihr die Absurdität dieser Fragen selbst erkennen müssen.
Da ihr jedoch nicht „ICH BIN" seid, sondern den Weg der „1-2-0" noch nicht gegangen seid, regiert euch nach wie vor das „BIN ICH".

Das Hexagramm oder der Sechsstern ist in eurer Qualität des Seins von außerordentlicher Bedeutung, da er euer Verständnis für euch selbst fördern kann.

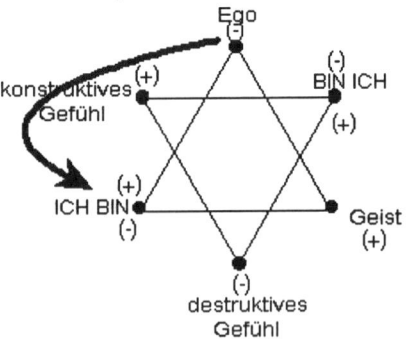

Die beiden oben- und untenliegenden Pole sind

dominierend.

Sie repräsentieren das Endergebnis zweier in sich verknüpfter Pole der Polarität.

Während euer Ego euer „ICH BIN" und damit euch (euer) SELBST und euren Geist dominiert, überlagert das destruktive Gefühl euer konstruktives Gefühl und euer „BIN ICH".

Zwei ineinander verschlungene Dreiecke, also der Sechsstern („2" x „3" = „6"), repräsentieren, geometrisch dargestellt, euer körperliches Sein.

Die „6" ist somit der Ausdruck der Materie oder der Ausdruck materieller Erfahrung der Seele.

Wenn ihr eure eigene Schreibweise der „6" einmal genauer betrachtet, so führt ihr euren Stift von außen in einer spiralförmigen Drehung immer weiter nach innen.

Euch ist bekannt, daß die Materie verdichtetes Bewußtsein oder Energie ist.

Um Materie zu manifestieren, muß sie also in einer Linksdrehung von außen nach innen geführt werden.

Die Symbolik dafür ist also konsequenterweise die „6".

Bevor ihr das nächste Mal also „6 habt", solltet ihr überlegen, welche Symbolik oder welches Bewußtsein ihr der intensivsten Vereinigung zweier dreidimensional körperlich existierender Wesen hinzufügt.

Sexualität ist der intensivste Ausdruck von Vereinigung, der euch möglich ist.

Ihr jedoch „habt Sex".

Die Krankheit, die ihr als Aids definiert, ist im Prinzip der Widerspruch zweier Energien, die sich als körperliche Erkrankung ausdrückt.

Euer Geist drückt sich durch die Vereinigung zweier Körper und der dadurch freigesetzten geistigen Energie aus. Die Form eurer Sexualität, also gleich-gültig ob gleichgeschlechtliche oder nicht gleichgeschlechtliche Verbindung, ist dabei im Prinzip völlig unbedeutend.

Euer Ego jedoch *hat* Sex, versucht also Sexualität als Ausdruck von sich selbst zu verwenden. Damit ist aufgrund der Strukturierung eures Ego also auch der „Besitz" von Sexualität und das „Besitzen" des Partners verbunden.

Sexualität schafft eine intensive Verbindung zweier Geister, die, gleich-gültig wie oft die Vereinigung durchgeführt wurde, über mehrere Jahre bestehen kann.

Dies bedeutet keineswegs, daß ihr eurer Sexualität keinen Ausdruck verleihen sollt und euch genötigt fühlt, eure Sexualität zu unterdrücken.

Ihr solltet euch nur darüber *bewußt* werden, daß Sexualität weitaus mehr bedeutet als die rein körperliche Befriedigung.

Die Krankheit, die ihr als Aids bezeichnet, ist durchaus heilbar.
Sie ist dann heilbar, wenn ihr euer Bewußtsein in bezug auf eure Sexualität verändert und, solltet ihr daran erkrankt sein, eurem Körper und eurem Geist höheres Bewußtsein zuführt, als ihr dies bisher getan habt. Dies ist euch möglich durch eine Ernährung, die euch hochschwingende Energie zuführt und durch medikamentöse Zuführung von bewußtseinssteigernder (stark rechtsdrehender) Energie.

Die Zahl „6" ist im Prinzip eine Spiegelung oder Umkehrung der Zahl „9".
Da all-es sich innerhalb des EINEN abspielt und außerhalb des EINEN nichts existiert, müßt ihr der Geometrie eures Seins, die Drei-Einheit des EINEN hinzufügen.

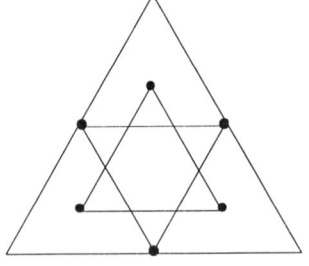

Somit wird aus der „6" eine „9", da zu den einzelnen Aspekten eurer Existenz immer und ohne Ausnahme der Aspekt der Existenz des EINEN hinzuzufügen ist.

Die „9" wiederum entsteht dann, wenn ihr die „6" um 180 Grad (1-8-0 Grad) dreht und umgekehrt.

So wie ihr jedoch die materielle Ausdrucksweise der „6" oder „9" dreht, könnt ihr die damit verbundenen Energien nicht unberücksichtigt lassen und kommt nicht umhin, auch die linksdrehenden Energien der „6" um 1-8-0 Grad zu drehen. Somit ändert sich die Drehrichtung der Energien ebenso um 1-8-0 Grad, und aus der linksdrehenden Energie, die den Geist in die materielle Verdichtung führt, wird rechtsdrehende Energie, die den Geist aus der Materie in die Unendlichkeit der Unbegrenztheit .führt.

Euch ist die „666" als Symbolik des „Widersachers" oder „Teufels" bekannt.

3 x die „6" ergibt wiederum die „18" also die 1-8, deren Quersumme wiederum die „9" ergibt.

Ihr könnt also selbst erkennen, daß der Aspekt des EINEN immer und überall enthalten ist. Das Licht erhellt immer die Dunkelheit, auch wenn der Schein des Lichtes in manchen Situationen gedämpft erscheint.

Die „1" ist wiederum die Zahl der SELBST-Erkenntnis und die „8" die Zahl der fortwährenden Erfahrung in der Polarität. Die „0" repräsentiert das Nichts und somit das All-es, wobei wir wiederum bei dem Aspekt des EINEN sind, der in allem als die Symbolik der „0" enthalten ist.

Wir haben wiederum die 1-8-0.

Im Prinzip ist Mathematik nichts anderes als der Ausdruck oder eine Möglichkeit eurer SELBST-Erkenntnis.

Wir können, Kinder des Lichtes, eure Köpfe rauchen sehen.

Das Wesen eures „ICH BIN"

Durch eine Phasenverschiebung eures „ICH BIN" seid ihr gezwungenermaßen dazu „verurteilt", euch zu fragen: Was oder wer „BIN ICH"?
Im Prinzip muß sich der eine Aspekt von euch, euer euch beherrschendes Ego, ständig fragen: Wer oder was „BIN ICH"?, da euer Ego als Einzelaspekt sich seiner Rolle in der Ganzheit eures „ICH BIN" oder eures SELBST nicht bewußt ist. So sucht euer Ego nach der Verwirklichung seines SELBST.
Euer Ego jedoch verfügt über kein eigenes SELBST, da es, wie ja bereits erwähnt lediglich einen Teilaspekt eines Ganzen darstellt.

Eure Suche nach euch SELBST ist lediglich eine Suche eures Egos nach sich selbst.
Euer Ego möchte sich spirituell, also geistig entwickeln. Dies ist, wir verweisen nochmals darauf, niemals möglich, da dies bedeuten würde, daß euer Ego zu dem dominierenden „ICH BIN" mutieren würde.
Euer Ego, Teilaspekt eurer inneren Polarität, hat die Aufgabe zu lernen, sich und seine egoistischen Interessen dem großen Ganzen, nämlich eurem SELBST oder „ICH BIN" unterzuordnen.

Wärt ihr nun in der Lage, von der Frage „BIN ICH" zu der Behauptung „ICH BIN" überzuwechseln, so wärt ihr im Prinzip dazu verurteilt, euch (euer) SELBST einfach hinzunehmen und damit anzuerkennen, daß ihr wiederum Teilaspekt des EINEN seid. Dies würde euch in eine Position bringen, in der ihr anerkennen müßtet, daß ihr das gesamte Potential des EINEN in euch tragt, was euch im Prinzip mit dem EINEN gewissermaßen in eine vergleichbare Position bringen würde.

Die Behauptung „ICH BIN" trägt also göttliches Bewußtsein in sich. Der Bewußtseinszustand „ICH BIN" ist also nichts anderes als eine Form des SELBST-Bewußtseins.

Da ihr jedoch von eurem Ego beherrscht seid, das im Prinzip seine eigene Unzulänglichkeit als Teilaspekt erkannt hat, jedoch aufgrund seiner eigenen Strukturierung nicht bereit und in der Lage ist, seine Macht über euch abzugeben, ist die Behauptung „ICH BIN" und die daraus resultierenden Kosequenzen etwas, das euer Ego als Überheblichkeit und unglaubliche Arroganz abtut.

Würdet ihr in die Lage versetzt werden, „ICH BIN" zu sein, würdet ihr erkennen *müssen*, daß all das, was jeder einzelne von euch als Wahrheit akzeptiert, die *tatsächliche* Wahrheit jedes einzelnen von euch ist.
Dies wiederum führt konsequenterweise dazu, daß ihr in der Lage wärt, eure persönliche Einzelexistenz als die einzig wahre annehmen zu müssen.

Damit würden all eure Sicherheitsnormen und Glaubens- und Verhaltensmuster schlagartig ihres Sinnes beraubt, und das egoistische Kind in euch müßte vor sich selbst eingestehen, daß seine Phase der Macht und der Unterdrückung absolut sinnlos war.
Eure „Überheblichkeit" würde geprägt sein von der Demut, Teil des großen Ganzen zu sein, und ihr müßtet beginnen, in diesem Bewußtsein Verantwortung für euch selbst zu übernehmen, da ihr euch nicht mehr auf eure Verstandesmuster und eure scheinbaren materiellen Sicherheiten stützen könntet.

Ihr wärt EINS mit euch selbst, und der innere Kosmos in euch würde eine Phase unglaublicher Bewußtseinsentwicklung machen, die sich wiederum auf alle Existenzformen des Makrokosmos auswirken würde.

Dennoch, unabhängig von dieser Erkenntnis, werdet ihr einen Schritt eurer Bewußtwerdung nach dem anderen tun, bis ihr eure eigene Wahrheit gefunden, erkannt und verinnerlicht habt.

Noch etwas mehr „Verstand"

So lange ihr auf der Suche seid nach „ich weiß nicht was", könnt ihr euch sicher sein, daß ihr auf der Suche nach eurem SELBST, nach eurem „ICH BIN" seid.

So mögt ihr nach wie vor Bücher lesen, euch eure Meister suchen oder sonstige Dinge tun, von denen euer Ego glaubt, sie würden ihm Selbsterkenntnis oder spirituelle Entwicklung bringen.

Nun seid ihr jedoch konfrontiert mit einer Qualität der Zeit, in der ihr früher oder später nicht umhinkommen könnt, euch dem Fluß des stetig ansteigenden Energiepotentiales hinzugeben.

Die fortwährende Weigerung eures Egos, seine tatsächliche Rolle anzuerkennen, wird euch in der kommenden Zeit in der Neutralität der absoluten Liebe des EINEN durch die Art von persönlichen Problemen bewußt werden, die jeder einzelne von euch für seinen Prozeß des Los- oder Fallenlassens als Spiegel seines Selbst benötigen wird.

Merkt ihr, daß in euch, sofort nachdem ihr diesen letzten Satz unserer Erzählung gelesen habt, Angst in kleinerer oder größerer Intensität aufsteigt?

Die Angst wiederum, „All-es" falsch zu machen und wiederum leiden zu müssen. Die Angst, daß ihr aufgrund eurer Unkenntnis nicht an dem Prozeß des Aufstieges in höhere Dimensionen beteiligt seid.

Das Wesen der Liebe des EINEN ist absolut neutral. Die Liebe des EINEN läßt alles zu, was euch und eurer Bewußtwerdung dienlich ist.

Euer Verstand arbeitet ähnlich wie einer eurer Computer. Alles, was euch widerfährt, wird katalogisiert und in verschiedene „Schubladen" abgelegt und verwaltet.

Das, was nun jedoch als evolutionärer Prozeß, als Prozeß transformativer Entwicklung mit euch und eurem Planeten geschehen wird, kann von eurem Verstand nicht verarbeitet, katalogisiert und verwaltet werden, da es keinerlei Daten in seinem Gedächtnisspeicher gibt, die vergleichbare Werte zutage fördern.

Aus diesem Grunde projiziert euer Verstand in euch Angst in der Hoffnung, daß diese Furcht euch veranlassen möge, andere Wege zu gehen.

Euer „ICH BIN" oder euer SELBST jedoch weiß bereits, daß es Teil der evolutionären Entwicklung ist.
Da euer SELBST jedoch keinerlei Macht und somit auch keinerlei Manipulation ausübt, läßt es die Dinge so, wie sie nun einmal sind.
Euer SELBST weiß, daß es in eine höhere Schwingungsform übergehen wird.

Wovor also, so fragen wir euch, fürchtet ihr euch?

Eure Verstandesausrichtung läßt euch ständig den lauten Verlockungen fortwährender Sensationslüsternheit hinterherlaufen.
Ihr wollt Kontakt zu den Außerirdischen, ihr wollt medialen Kontakt zu „höheren" Wesenheiten, ihr wollt, ihr wollt ....
Euer Verstand will, denn euer „ICH BIN" ist sich selbst genug.

So hofft ihr darauf, daß endlich, wie schon so oft angekündigt, die Außerirdischen landen mögen und offiziellen Kontakt zu euch aufnehmen.
Was jedoch versprecht ihr euch davon?
Ihr erhofft euch Geschehnisse, die euch von eurer unausweichlichen Aufgabe entbinden, euch mit euch selbst auseinanderzusetzen.

Ihr erhofft euch Entbindung von eurer SELBST-Verantwortung, da euer Verstand in der Hoffnung lebt, daß euch die Außerirdischen schon sagen werden, „wo es langgeht".
Ihr erhofft euch die Evakuierung von einem Planeten, der in das Licht hoher energetischer Schwingung erhoben wird.
Euer Verstand hofft, durch eine planetare Evakuierungsmaßnahme nicht in seine ursprüngliche Position zurückgedrängt zu werden.

Wärt ihr selbst hochentwickelte Wesenheiten höherer Dimensionen, wie würdet ihr handeln?
Würdet ihr in einen unumkehrbaren *natürlichen* Prozeß eingreifen, der im Prinzip bereits so weit fortgeschritten ist, daß es lediglich noch eine Frage der Zeit ist, bis er vollständig vollzogen ist?
Oder würdet ihr im Bewußtsein, daß das Prinzip des Lebens fortwährende Ent-Wicklung zum Ursprung hin ist, eingreifen, um das Ego der betroffenen Existenzen wiederum zu unterstützen?

Seid versichert, daß euer Aufenthalt in der fünften Dimension ebenso den Gesetzmäßigkeiten der Polarität unterworfen ist wie euer Aufenthalt in der dritten und vierten Dimension, da ohne die Polarität keine Existenz möglich ist.

Der Ausdruck der dritten Dimension ist die Materie, der Ausdruck der fünften Dimension ist der Geist.
Da in der fünften Dimension der Geist „regieren" wird, ist es also für euch unabänderlich, in der Phase der Annäherung an die fünfte Dimension euch der Möglichkeiten und Fähigkeiten eures Geistes bewußt zu werden.

Der Photonengürtel

Photonen sind, dreidimensional physikalisch gesehen, im Prinzip kleinste Lichtteilchen. Licht besteht also, von eurer Warte aus gesehen, aus einer massiven Ansammlung von Photonenteilchen.

Nachdem euch inzwischen bekannt ist, daß Licht-Energie-Information-Bewußtsein lediglich vier Begriffe für ein und dasselbe sind, müßtet ihr lediglich eurer Phantasie freien Lauf lassen, um zu verstehen, was geschehen wird, wenn euer Sonnensystem in den Photonengürtel eintreten wird.

Ihr werdet bereits die äußeren Ausläufer des Photonenringes deutlich verspüren können.

Beim Eintritt in die äußere Begrenzung des Lichtgürtels werden eure Körper gezwungen sein, ein weitaus höheres Maß an Energien verarbeiten zu müssen.

Viele von euch werden während dieser „Eintrittszeit" körperlich sehr ermattet sein und sich kraft- und lustlos fühlen. Eure Körperzellen werden sich während dieser Zeit nochmals umstrukturieren. Gönnt euch während dieser Zeit viel Schlaf und Erholung.

Ihr werdet bereits vor dem Eintritt in den Lichtgürtel mit einer Vielzahl von Bewußtseinsphänomenen konfrontiert werden, die im Prinzip keine Phänomene sind, sondern lediglich Auswirkungen einer erhöhten Wahrnehmungsfähigkeit und Wahrnehmungsmöglichkeit.

Eure höheren Wahrnehmungsorgane werden aktiver als bisher werden, und es wird euch immer intensiver möglich werden, fünfdimensionale Realitäten wahrnehmen zu können.

Einige von euch werden in ihrem Geist zwischen der drei-, vier- und fünfdimensionalen Realität hin- und herwandern.

Ihr werdet vieles von dem, was euch bisher verborgen war, erkennen können, und die Intensität des euch zur Verfügung stehenden Bewußtseins wird all die Grenzen sprengen, denen ihr jetzt und heute noch unterworfen seid.

Eure Kinder werden beginnen, sich vor euch zu erinnern, und sie werden euch voller Liebe lehren, was ihr nicht zu erkennen vermögt.
Ihr werdet feststellen, daß das Massenbewußtsein des morphogenetischen Feldes sich neu strukturiert, und viele euch unbewußte Erinnerungen werden als Erfahrungen ohne weitere emotionale Bindung von euch ad acta gelegt werden können.

Ihr werdet eine Phase planetarer Bewußtwerdung erleben und das unendlich beglückende Erlebnis der geistigen Ungebundenheit erfahren.

Euer Körper wird seine dreidimensionale Struktur ändern und eine fünfdimensionale Struktur annehmen, die euch eine Vielzahl von euch heute noch unvorstellbaren Möglichkeiten bieten wird.
Ihr werdet eine völlig neue und für euch heute ebenso noch unvorstellbare Form der Zivilisation aufbauen.

Ihr werdet nach und nach Teil einer großen galaktischen Gemeinschaft werden und euch die Vorzüge fünfdimensionalen Seins zunutze machen können.

Noch bevor ihr den Gürtel des Lichtes wieder verlassen werdet, wird eure Existenz nicht mehr so sein, wie sie heute ist.

Sucht nun weiter nach den lauten Sensationen, nach denen euer Verstand sich sehnt, oder erlebt das unglaubliche Abenteuer eures „ICH BIN". Tut, was immer es euch zu tun drängt.

Ihr werdet erwartet.

Zum Verständnis geistiger Ursache und materieller Wirkung

Im Prinzip beklagt ihr euch darüber, daß die fortwährende Aktivität eures Verstandes euren Planeten an den Rand der Vernichtung gebracht hat.
Ihr findet kaum noch absolut reines Wasser auf eurem Planeten, die Luft, die ihr atmet, ist weitestgehend verseucht, Pflanzen und Tiere leiden unter der Behandlung, die sie durch euch erfahren.

Dennoch, seht ihr über den Zaun eurer Verstandesbegrenzung hinüber, müßt ihr euch eingestehen, daß etwas sterben muß, bevor Neues geboren werden kann.
Wollt ihr ein Gefäß mit frischem Wasser füllen, so müßt ihr, wollt ihr aus diesem Gefäß das frische Wasser genießen, zunächst das alte Wasser entfernen.

Bevor ihr euch Selbst-bewußt werden könnt, müßt ihr eure alten Überzeugungen und Dogmen über Bord werfen können, damit ihr dies durch neue Überzeugungen ersetzen könnt, da sonst alte und neue Überzeugungen im Widerspruch zueinander stehen würden.

Nachdem es euch als Verstandesmenschen gelungen ist, durch eure Profitgier eine Vielzahl von menschlichen, tierischen und pflanzlichen Lebensformen weitestgehend auszurotten, geht ihr, wiederum nach den Vorgaben eures Verstandes vor, und versucht alles mögliche, um dafür zu sorgen, daß die Tierarten erhalten bleiben.

Dennoch solltet ihr euch bewußt werden, daß, entschließt sich eine beispielsweise tierische Gattung, den Planeten Erde zu verlassen, da er nicht mehr genügend Spielraum für die Bewußtseinsentwicklung bietet, für das „Aussterben" dieser Tiergattung ein dreidimensionales Geschehnis Voraussetzung sein *muß*.

Ist also, um bei unserem Beispiel zu bleiben, die Tiergattung in ihrer Bewußtseinsentwicklung so weit fortgeschritten, daß ein weiteres Verbleiben auf diesem Planeten nicht notwendig erscheint, so wird über eine Projektion des Massenbewußtseins dieser Tiergattung ein dreidimensionales Geschehnis erzeugt, das dafür sorgt, daß eben diese Tiergattung „ausstirbt".

Damit ihr euch auf eurem Planeten inkarnieren konntet, mußten sich, teils unter kuriosen Umständen, zwei Menschen unterschiedlichen Geschlechtes finden, die nun bewußt oder eher aus „Versehen" ein Kind, nämlich euch, oder vielmehr euren Körper biochemisch erzeugten.
Auch dies wiederum ist die dreidimensionale oder materielle Wirkung eures geistigen Wunsches nach einem „Vehikel" für euer Sammeln von Erfahrungen auf eurem Planeten.

Ähnlich verhält es sich mit der Bewußtseinsentwicklung der menschlichen Spezies eures Planeten.
Die Transformation des sich selbst bewußten menschlichen Lebens wurde durch verschiedene Ereignisse eingeleitet, wie z. B. das von euch als „Harmonische Konvergenz" bezeichnete Ereignis.
Durch die bewußte Verbindung einer Vielzahl von Menschen wurde im morphogenetischen Feld eures Planeten eine Information verankert. Diese Information wiederum leitete in diesem Bewußtseinsfeld eine Bewußtseinserhöhung ein, die in ihrer Folge weitere Bewußtwerdungsprozesse nach sich zog.
Im Prinzip wurde eine energetische Kettenreaktion ausgelöst.

Während der ersten Zeit war es keineswegs sicher, daß dieser planetare Transformationsprozeß tatsächlich einen Großteil des auf ihm existierenden Lebens einbinden würde.
Inzwischen jedoch ist der Bewußtwerdungsprozeß so weit fortgeschritten, daß er nur noch durch das direkte Eingreifen des EINEN unterbrochen oder umgekehrt werden könnte.

Von dieser Seite her droht jedoch keinerlei Gefahr, da eure Bewußtwerdung einen wesentlichen und konstruktiven Einfluß auf das gesamte Energiesystem des Kosmos haben wird.

Der Prozeß der Bewußtwerdung, der zunächst nur als geistiger Plan existierte, wurde durch eine Vielzahl von dreidimensionalen Geschehnissen ausgelöst und nach wie vor gefördert.
So wie euer Planet in seiner Drei- oder Vierdimensionalität bald die äußeren Ausläufer des Lichtgürtels erreichen wird, was wiederum für weitere Informations- oder Bewußtseinserweiterung sorgen wird, ist dies jedoch nach wie vor lediglich eine dreidimensional linear verlaufende Bewußtseinsprojektion.

Wäre eure Bewußtwerdung nicht so weit fortgeschritten, so hätte der Eintritt in den Photonengürtel niemals stattfinden können, da ihr nicht in der Lage gewesen wärt, die Qualität von Bewußtsein, die dort auf euch treffen wird, zu verarbeiten.

Wenn ihr also in der näheren Zukunft eurer Existenz mit Situationen konfrontiert werdet, die ihr im Prinzip nicht haben oder erleben möchtet, so sucht die Ursache für diese Situation bei euch und in euch selbst.
Ihr könnt euch sicher sein, daß ihr selbst sie euch „beschert" habt.

Eure Angst als Quelle destruktiver Erfahrung

Wir haben bereits mehrfach darauf hingewiesen, daß das morphogenetische Feld des Planeten Erde unter anderem als eine Art von „Bewußtseinsprojektor" fungiert, der also einzelne Bewußtseinsinhalte als persönliche Realität und die einzelnen Bewußtseinsinhalte kombiniert als Gesamtheit des Planeten Erde in einer Form der „Gesamtrealität" präsentiert.

Als der Planet Erde mittels der dreidimensionalen Erfahrung der „Harmonischen Konvergenz" und der damit verbundenen Schwingungserhöhung, deren geistige Ursache durch die Schöpfergötter gesetzt wurde, in die vierte Dimension „befördert" wurde, wurde durch die Polung des Energiepotentials des im Prinzip nach wie vor dreidimensional existierenden Planeten Erde und der energetischen Polung der fünften Dimension eine Art Dimensionstunnel durch die vierte Dimension geschaffen, den ihr mit eurem Planeten derzeit durchquert.

Wäre es für den Planeten und euch notwendig gewesen, die vierte Dimension zu *erfahren*, so wäre dem Dimensionswechsel von der dritten in 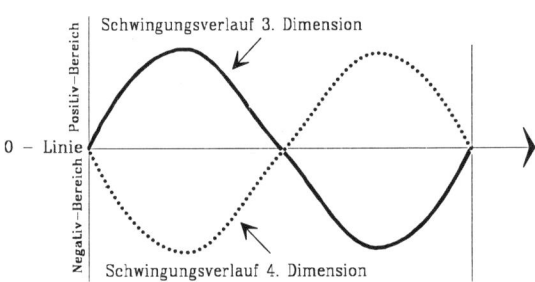 die vierte Dimension ein Ereignis vorangegangen, das ihr als „Polsprung" bezeichnet.

Bei diesem Ereignis hätte der Planet Erde seine Polung umgekehrt. Dies hätte zu einer Verschiebung der Schwingungsphasen geführt und die Schwingungsenergie des Planeten und somit auch von euch hätte sich nicht erhöht, sondern wäre nur anders verlaufen.

Während eine Schwingungsphase der dritten Dimension zunächst bei „0" beginnt und sich zunächst im positiven Bereich zu ihrem Höchstpunkt bewegt, beginnt der Schwingungsverlauf der vierten Dimension zwar ebenso bei „0", verläuft jedoch dann zunächst im negativen Bereich. Die Definition von „positiv" und „negativ" solltet ihr jedoch nicht als Wertung, sondern lediglich als „Polung" des Bewußtseins oder der Energie sehen.

Durch einen Polsprung wäre der Planet Erde also im Prinzip auf einen Aufenthalt in der vierten Dimension „vorbereitet" worden. Obwohl die Polung eures Planeten derzeit durchaus nicht stabil ist und in ihrer Intensität durchaus schwankend verläuft, was auf die energetischen Vorgänge innerhalb eures Dimensionstunnels zurückzuführen ist, wird aller Voraussicht nach ein Wechsel der planetaren Polarität nicht stattfinden, da die Bewußtseinsenergie eures Planeten so stark angestiegen ist, daß ein „Zusammenbruch" keineswegs zu befürchten ist.

Der Schwin-
gungsdurchlauf
der Bewußtsein-
senergie der
fünften Dimensi-
on unterscheidet
sich im Prinzip
lediglich durch

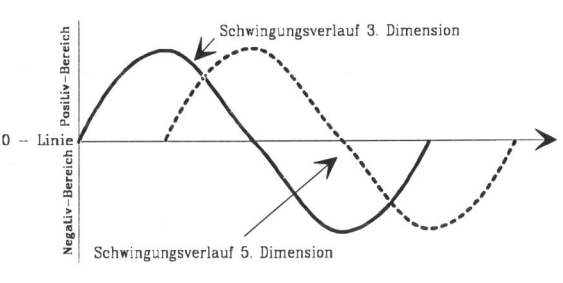

den Schwingungsbeginn, der um 90 Grad verschoben ist.

Im Prinzip ist es nicht notwendig, daß ihr dies zu dieser Qualität der Zeit im Detail begreift.
Bewußtseinsenergie ist im Prinzip immer Schwingung unterworfen, die von einem Punkt der Neutralität zunächst zu dem einen und dann wiederum über eine Phase der Neutralität zu ihrem Gegenpol wechselt.

Wärt ihr daran interessiert, Reisen in die vierte Dimension zu unternehmen, müßtet ihr lediglich eine Art der Technologie entwickeln, die es euch ermöglicht, die Energie eurer Schwingung umzupolen oder Phasenverschiebungen durchzuführen.

Dem gleichen Prinzip unterworfen sind Reisen in der Zeit. Hierbei jedoch greifen noch andere technologische Feinheiten in das Geschehen mit ein, da eine Zeitreise in der Regel mit einem relativ kurzen Aufenthalt in der vierten Dimension verbunden ist.

Für eine Zeitreise wäre es für euch also notwendig, das Prinzip der Zeit und das Prinzip der Dimensionen zu verstehen.

Da es für technologisch entwickelte Zivilisationen der vierten Dimension kaum Probleme darstellt, die Grenzen eures Dimensionstunnels zu durchqueren, so mag es durchaus sein, daß ihr in nächster Zeit Besucher auf eurem Planeten begrüßen könnt.

Dennoch solltet ihr in eurem eigenen Interesse darauf achten, welche Gefühle sich bei einem Kontakt in euch regen, und euch durchaus auf euer Gefühl verlassen, wenn ihr zu dem Entschluß kommt, dieser Kontakt wäre nicht zu euren Gunsten.

Eine weitere „Problematik", der ihr während eures „Tunnelaufenthaltes" begegnen könntet sind die medialen Kontakte.

Denkt daran, daß Angst eine Projektion eures Verstandes ist.

Angst ist ein äußerst energiereicher Bewußtseinszustand, den ihr wiederum in das Massenbewußtsein einspeist.

Angst ist ein destruktives Gefühl und setzt wiederum eine geistige Ursache, die sich euch wiederum als materielle oder körperliche Erfahrung präsentiert.

Information ist „gut", da sie euer Bewußtsein erweitert.

Information ist „schlecht", da sie euch unter Umständen Ereignisse beschert, die ihr im Prinzip lieber vermeiden möchtet.

So seid in eurem eigenen Interesse nochmals gebeten, bei medialen Kontakten darauf zu achten, ob sie euch in eurer persönlichen Entscheidungsfreiheit einschränken oder begrenzen, oder ob sie euch *tatsächlich* informieren.

Achtet auf eure Gefühle im Zusammenhang mit Informationen, die ihr selbst oder andere medial erhalten.

Ihr habt euch inkarniert, um Veränderungen herbeizuführen.

Ihr seid die Kinder des Lichtes und dient dem Licht, auch wenn viele von euch sich noch im tiefen Schlafe ihres Bewußtseins räkeln.

So wie ihr inkarniert seid, um einen Planeten und seine Bewohner ins Licht zu gebären, so sind auch diejenigen unter euch, deren Ziel es ist, dies zu vermeiden.

Obwohl die Schlacht für die Dunkelheit bereits verloren ist, gibt sie trotz dessen nicht auf und versucht zu stören, wo immer sie stören kann.

Manipulation ist dann am wirkungsvollsten, wenn die Summe des Massenbewußtseins ihr unterworfen ist.

Im Prinzip werdet ihr auch von den Dienern des Lichtes manipuliert, indem ihr Information erhaltet.

Dennoch muß die Freiheit eurer persönlichen Entscheidung gewahrt bleiben.

Sucht euch die Quellen der Information, wo immer ihr sie finden könnt.

Verlaßt euch auf euch (euer) SELBST, und ihr könnt niemals ent-täuscht werden.

Tut, Kinder des Lichtes und der Liebe, was immer ihr in euch tragt.

Das Schema der Enttäuschung

Was immer ihr auch von uns oder anderen nicht-inkarnierten Wesenheiten erwartet - im Prinzip können weder wir noch andere des Lichtes oder der Dunkelheit euch Neues erzählen.
Ihr tragt *ALL-ES* in euch selbst, in eurem SELBST.

Sucht ihr nach den lauten Sensationen, so seid versichert, daß ihr sie finden werdet. Dennoch werden die lauten Sensationen euch vom Wesentlichen ablenken, und sie werden euch, wie bereits in eurer Vergangenheit, oftmals große oder zumindest unterschwellige Angst bereiten.
Die unterschwellig in euch vorhandene Furcht macht es euch schwerer als die offensichtliche Furcht, da sie sich hinter euch verbirgt und immer, wenn ihr euch umdrehen wollt, um eure unterschwellige Angst zu sehen, so steht sie wiederum hinter euch. Ihr wißt, sie ist da, und dennoch vermögt ihr sie nicht im Detail wahrzunehmen.

Dennoch ist eure offensichtliche und eure unterschwellige Furcht immer und ohne Ausnahme eine Furcht eures Verstandes, der sie oftmals vor eurem direkten Zugriff tarnt, da Angst nach wie vor ein Instrument von dreidimensionaler oder materieller Machtausübung ist.

Werdet ihr ent-täuscht, so bedeutet dies im Prinzip nichts anderes, als daß euch täuschen zu lassen ihr im Vorfeld bereit wart.
Werdet ihr ent-täuscht, so ist dies ein durchaus positiv zu wertender Vorgang, da ihr von dem Augenblick eurer Ent-Täuschung eurer eigenen Wahrheit wiederum ein großes Stück entgegengekommen seid.

Ent-täuscht zu werden heißt für euch nichts anderes, als daß ihr einer Projektion eures eigenen Verstandes aufgesessen seid und aufgrund dieser Projektion eine Erfahrung machen mußtet oder wolltet, auf die euer Verstand oftmals mit großer Trauer oder

Frustration reagierte, da er wiederum einsehen mußte, daß seine eigene Verstandesprojektion nichts anderes als eine Täuschung war, die mit eurer Wahrheit absolut nichts zu tun hatte.

Seid ihr also in einen anderen Menschen ver-liebt und ihr müßt nach mehr oder weniger kurzer oder längerer Zeit feststellen, daß dieser Mensch euch fürchterlich ent-täuscht hat, so solltet ihr einmal darüber nachdenken, daß diese Form der Ent-Täuschung lediglich darauf zurückzuführen ist, daß ihr in euch den Wunsch nach einem Partner oder einer Partnerin tragt.
Begegnet euch nun ein solcher Mensch, von dem ihr *denkt*, daß er euren Vorstellungen entspricht, so geht ihr eine, wie ihr denkt, tiefe Gefühlsbeziehung ein.
Im Laufe der Zeit müßt ihr nun erkennen, daß dieser Mensch nun doch nicht derjenige ist, den ihr euch erwartet habt.
Ihr habt, wenn ihr euch gegenüber ehrlich seid, nichts anderes getan, als eure Wunschvorstellungen in diesen Menschen hineinzuprojizieren. Da der andere Mensch jedoch ein eigenständiges Wesen ist und - ebenso wie ihr - fortwährender innerer Veränderung unterliegt, werdet ihr früher oder später feststellen müssen, daß der andere, den ihr ja so liebt, doch anders ist, als ihr es gerne hättet.

Euer Ver-liebt-sein, während dem ihr ja von euch selbst denkt, daß ihr so sehr im Gefühl seid, ist nichts anderes als eure Wunschvorstellung, die der andere Mensch so lange erfüllt, wie ihr eure Wahrnehmungsfähigkeit durch euer Ver-liebt-sein so stark einschränkt, daß ihr im Prinzip „blind" seid.
Euer Ver-liebt-sein, bedeutet im Prinzip nichts anderes als die überschwengliche Begeisterung eures Verstandes, die er durch seine egoistische Wunscherfüllung erfährt.
Je mehr euer Ver-liebt-sein, eure Begeisterung weicht, desto mehr seid ihr wieder in der Lage, den anderen Menschen so zu sehen, wie er nun einmal ist.

So beginnen euch nun die großen Ohren, Füße oder Hände zu stören, die Flecken an den Zähnen oder was auch immer ihr finden mögt, um eure verstandesmäßige Begeisterung zu bremsen.

Ihr sagt, und Argumente dafür liefert euch euer Verstand genug, daß der andere Mensch euch ent-täuscht hat.

So werdet ihr euch früher oder später von diesem Menschen trennen und euch wiederum auf die Suche nach einem Menschen machen, von dem ihr wiederum hofft, daß er oder sie eure im Prinzip egoistischen Wünsche erfüllen möge.

Die Basis für die Menschen, die ihr euch für eure oftmals so frustrierenden Beziehungen aussucht, sind wiederum eure inneren Werte und Programmierungen, denn, seid ihr ehrlich zu euch selbst, müßt ihr euch eingestehen, daß eure Suche nach *DEM* Partner immer wieder nach dem gleichen Schema verläuft und in der Regel auch nach dem gleichen Schema endet.

Wir bedauern, was das Thema „Ver-liebt-sein" betrifft, euch enttäuscht zu haben.

Schwingung und Doppelhelix

Schwingung entsteht durch zwei gegeneinander gerichtete Drehbewegungen, die in ihrer ursprünglichen Qualität absolut rein und unverfälscht sind.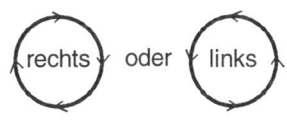

Beide Energien sind Teilaspekte eines großen Ganzen. Die Quelle beider Energien ist der EINE, dessen innere Harmonie und Ausgeglichenheit beide Energien in sich vereint.

Auch hierbei gilt wiederum das Prinzip des Dreieckes.

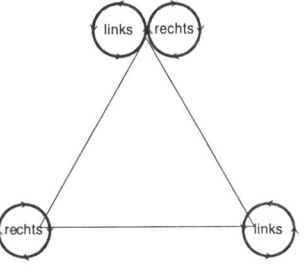

ALL-ES, was existiert, unterliegt diesem Prinzip von Rotation und Gegenrotation.

Da ALL-ES, was existiert, sich innerhalb des EINEN befindet und *der EINE der absolute Ausgleich jeglicher Rotation und Gegenrotation darstellt*, also der EINZIGE ist, der das Prinzip gegengerichteter Rotation harmonisieren oder gar zum Stillstand bringen kann, unterliegt ALL-ES, was existiert, fortwährender Schwingung oder auch fortwährender Rotation.

So kann also ALL-ES, was innerhalb des EINEN existiert, nur dem Prinzip des fortwährenden Ausgleiches von gegeneinander rotierenden Energien unterworfen sein.

Für euch bedeutet dies, daß in jeglicher Energie, in jeglicher Information oder in jeglichem Bewußtsein immer und ohne Ausnahme beide Schwingungen im gleichem Maße vorhanden sind.

Da ALL-ES außerhalb des EINEN dem Faktor Zeit unterworfen ist, Zeit jedoch in anderen Dimensionsbereichen andere Funktionen erfüllt als in der euren, so ergeben sich aus den entsprechenden Rotationen der beiden gegengerichteten Energien Schwingungen.

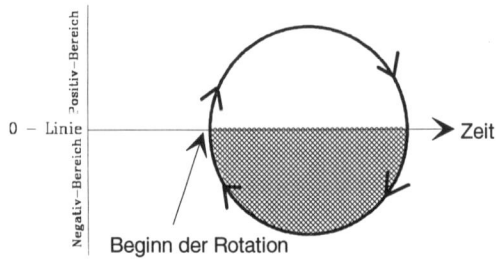

Die, wie ALL-ES, was existiert, dem Faktor Zeit unterworfene Rotation der in diesem Falle rechtsdrehenden Energie würde bei ihrem Durchlauf des unteren Bereiches dem Faktor Zeit entgegenlaufen und würde, da es sich ja um rechtsdrehende Energie handelt, ebenso dem „negativ" Bereich entgegenlaufen.

So wird also, damit keine Störungen im fortwährenden Fluß der Energie stattfinden, durch das Hinzufügen des Faktors „Zeit", aus der Rotation eine Schwingung.

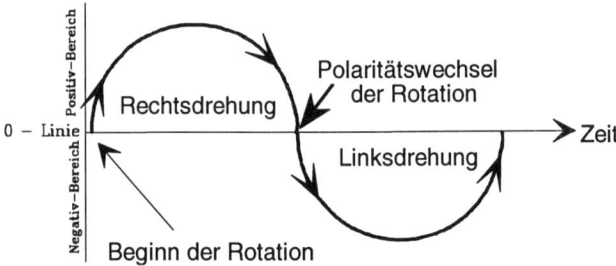

Nun verhält es sich wiederum so, daß in jeglicher Information im gleichen Maße das Energiepotential der gegengerichteten Information enthalten ist.

So muß also einer entstandenen Schwingung das energetische Gegenpotential hinzuprojiziert werden.

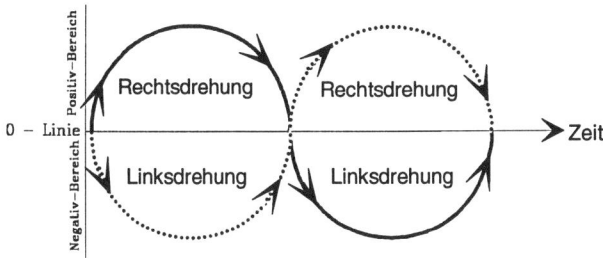

Energie, Bewußtsein oder Information ist also fortwährender Schwingung unterworfen. Das Bewußtsein, die Information oder die Energie beginnen in ihrer Schwingung an einem imaginären „Nullpunkt", durchlaufen in zwei parallel verlaufenden Phasen über den „Höchstpunkt" wiederum zu einem imaginären „Nullpunkt".

Fügt ihr nun dieser einen Schwingung eine weitere hinzu, erhaltet ihr ein anderes Bild:

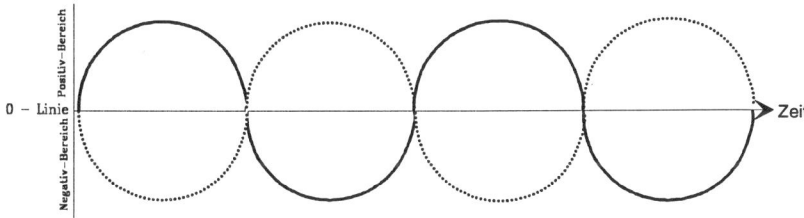

Fügt ihr nun diesem letzten Bild, das eine zweidimensionale Darstellung ist, also lediglich aus der Breite und Höhe besteht, die räumliche Tiefe hinzu, so wird aus zwei gegeneinander laufenden Schwingungen eine miteinander rotierende Doppelhelix, deren Einzelrotation jeweils dem negativen, also linksdrehenden Energiebereich und dem positiven, also rechtsdrehenden Energiebereich, zuzuordnen ist.

Somit, und dies ist der Fehler in dieser Konstruktion, wären dennoch Positiv- und Negativenergien gleichgerichtet, da sie über die gleiche Bewegungsrichtung verfügen und sich nur in ihrer Polung gegenüberliegen.

Daraus ergibt sich also die „richtige" Konstruktion, die also folgendermaßen dargestellt wird:

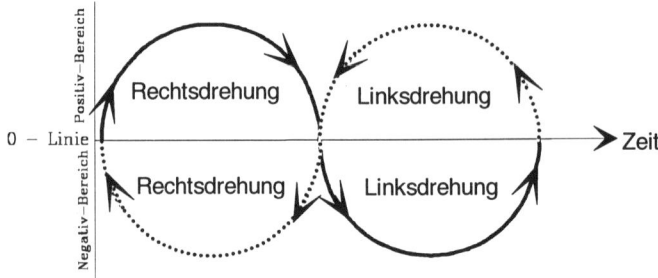

Im Prinzip seid ihr nun wieder bei der ersten Darstellung der Energien, jedoch mit dem wesentlichen Unterschied, daß die beiden scheinbaren Kreisbewegungen der letzten Darstellung *nicht* miteinander verbunden sind, sondern jegliche links- oder rechtsdrehende Energie für sich allein existiert.

Dennoch sind sie immer miteinander verwoben, da sie als Doppelhelix gegeneinander rotieren und sich nicht voneinander entfernen können, da dies zu einem Ungleichgewicht der Kräfte führen würde.

Das Potential rechts- oder linksdrehender Energien oder, wie ihr es bezeichnen würdet, guter und schlechter Energien, ist immer und ohne Ausnahme gewährleistet.

So könntet ihr euch niemals eine Frage stellen, wenn ihr die Antwort nicht bereits in euch tragen würdet.

Ihr könntet niemals ein Problem haben, wenn ihr nicht die Lösung des Problems bereits in euch tragen würdet.

Ihr könntet niemals Freude empfinden, wenn nicht auch das Leid da wäre.

Ihr könntet niemals lieben, ohne daß der Haß im gleichen Maße existiert.

Ihr könntet niemals „gut" sein, wenn nicht das „Böse" im gleichen Ausmaße in euch wäre.

Da die letzte Darstellung des ge-
gengerichteten Energieflusses im
Prinzip voraussetzt, daß die
Schwingungen der rechtsdrehenden
Energien an irgendeinem Punkt
beginnen und an irgendeinem Punkt
enden und somit die linksdrehenden
Energien an dem Punkt beginnen

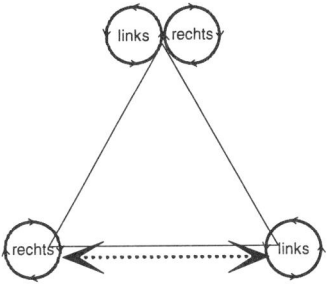

müssen, an dem die rechtsdrehenden enden und umgekehrt, setzt
dies wiederum zwei imaginäre Punkte der Polarität voraus, die
der Ursprung der links- und rechtsdrehenden Energien sind.
Somit ergibt sich zwangsläufig die Tatsache, daß die beiden
Pole der Polarität einem fortwährenden Energieaustausch unterworfen sind.

Es ist durchaus nicht zwingend not-wendig, daß ihr im Detail
versteht, wie das Prinzip fortwährender Schwingung
„funktioniert".
Wir sind jedoch der Meinung, daß es nicht schaden kann, wenn
ihr davon bereits zu dieser Qualität der Zeit eine kleine Ahnung
vom Prinzip fortwährender, gegengerichteter Schwingung habt.
Es mag euch durchaus bei der SELBST-Erkenntnis von Nutzen
sein.

Verbindung der Doppelhelixen

Dreidimensional physikalisch gesehen, drückt sich das Prinzip der Doppelhelix in euren Körpern als Verbindungen von sogenannten Molekularverbindungen aus.

Ihr sprecht von euren Genen, die als dreidimensionaler Ausdruck eures körperlichen Gesamtbewußtseins in Form von DNA- und DNS-Informationen in jeder einzelnen eurer Zellen vorhanden sind.

Wie vielen unter euch bekannt ist, wurde aufgrund bestimmter Umstände vor vielen tausend Jahren eine Genmanipulation an euren Körpern durchgeführt.

Die geistige Ursache dafür war die Tatsache, daß die Schöpfergötter dreidimensionale Erfahrung in besonderer Intensität benötigten.

Die physikalische Wirkung daraus bestand darin, daß eine Gruppe von extraterrestrischen Wesenheiten den Planeten in Besitz nahm und an den Körpern, also den Vehikeln eurer Seelen, kurzerhand eine physikalische Veränderung in der Form vornahm, als daß einige eurer DNA-Stränge physikalisch abgetrennt wurden.

Zur gleichen Zeit wurden entsprechende Informationen in das planetare morphogenetische Feld eingespeist, die auf Dauer eine natürliche Regeneration dieser Manipulation verhinderten.

Durch diese Manipulation wurdet ihr von einigen Teilaspekten eures SELBST getrennt, und zwei Aspekte eures SELBST wurden dominant.

Im Prinzip nehmen euer „Ego" und euer „BIN ICH" eine gleichwertige Stellung ein, was wiederum die Harmonie der Polarität empfindlich stört.

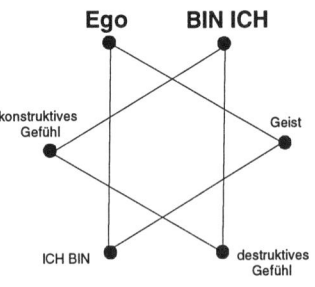

Wollet ihr diese Situation geometrisch darstellen, so müßtet ihr aus den beiden Punkten „Ego" und „BIN ICH" einen Aspekt kreieren.

Daraus ergibt sich im Prinzip eine geometrische Form, die ihr als Fünfstern bezeichnet.

Der einzige Weg, um die Manipulation eurer Trennung vom kosmischen Informationssystem „rückgängig" zu machen, ist eine weitere geistige Ursache, die eben zur Folge hat, daß eine entsprechende Veränderung eurer inneren Geometrie stattfindet.

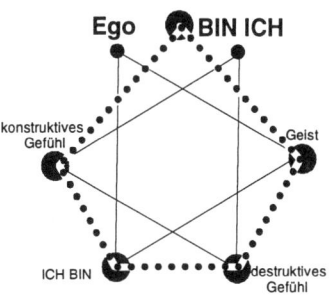

Diese geistige Ursache findet Ausdruck in einer fortwährenden Bewußtwerdung der Menschheit und des Planeten Erde.
Der Prozeß der Bewußtwerdung wiederum drückt sich aus in einer Erhöhung des zur Verfügung stehenden Energiepotentials, das eure physischen Körper gezwungen sind zu verarbeiten.
Somit beginnen eure Körperzellen, sich neu zu strukturieren, und schaffen somit wiederum die energetische Verbindung zwischen allen Aspekten eurer Existenz.

Zahlenbewußtsein oder dessen manifestierten Ausdruck in Form von Geometrie tatsächlich zu verstehen, wird euch in letzter Konsequenz *noch* nicht möglich sein.
Insbesondere deshalb, da ihr noch immer auf der Suche nach der absoluten Objektivität seid.
Die absolute Objektivität jedoch setzt Gesetzmäßigkeiten voraus die ihr wiederum nicht in letzter Konsequenz verstehen und begreifen könnt, da ALL-ES, was existiert, der Multidimensionalität unterliegt und somit „nicht-linear" ist.
Versucht also lediglich, das Prinzip und nicht das Detail zu verstehen. Das Detail verbirgt sich für die meisten von euch im scheinbaren Widerspruch. Die Qualität der Zeit ist nahe, in der ihr das Detail verstehen werdet, ohne darüber nachdenken zu müssen.

Bewußt-Sein und Nicht-Bewußt-Sein

Eure Verstandeswissenschaft weigert sich nach wie vor anzuerkennen, daß Materie Ausdruck von Energie oder Bewußtsein ist. Schließlich und endlich würde dieses Anerkennen von Tatsachen zu einer völligen Umstrukturierung des Machtgefüges auf eurem Planeten führen. Da eure Wissenschaft jedoch in der Regel durch die Wirtschaft finanziert und damit auch kontrolliert wird und die Wirtschaft wiederum ein wesentlicher Faktor eures Machtgefüges ist, der im Prinzip fähig und in der Lage ist, jeden einzelnen von euch zu kontrollieren und zu manipulieren, kann nicht zugelassen werden, daß eure Wissenschaft eigene und somit unkontrollierbare Wege geht.

So wurde innerhalb der letzten Jahre ein Wissenschaftsbereich weitaus mehr gefördert als andere Wissenschaftsbereiche. Es geht um den Bereich eurer Wissenschaft, der sich der Erforschung eurer Gene widmet.

Wenn ihr Nahrung zu euch nehmt oder Flüssigkeiten, so nehmt ihr im Prinzip Energie oder Information zu euch.
Während sich eure Humanität dagegen sträubt, daß ein wesentlicher Teil eurer Nahrungsmittelproduktion, nämlich die Aufzucht und Schlachtung von Tieren, mit fortwährender Quälung und Erzeugung von Angst untrennbar verbunden ist, wird diese Vorgehensweise durchaus von den wahrhaft Mächtigen eures Planeten gewünscht und gefördert.
So nehmt ihr als „Fleischesser" immenses Angstpotential zu euch, das in den euch unbewußten Schichten eures Bewußtseins Wirkung zeigt.
Als „Pflanzenesser" nehmt ihr fortwährend Nahrung zu euch, die durch die Verschmutzung eurer Luftschichten in ihrer Natürlichkeit geschädigt wurde oder die durch die Aufzucht in künstlicher Umgebung ihr Bewußtseins- oder Informationspotential verloren hat.

Die Welt der Pflanzen, deren Bewußtseinserforschung ihr bisher kaum eure wertvolle Zeit „geopfert" habt, unterliegt je nach Kategorie der die entsprechende Pflanze angehört, durchaus strengen Hierarchien.

So gibt es Pflanzenarten, die sich im Verbund mit anderen Artgenossen durchaus wohlfühlen und mit einigen anderen Pflanzenarten eine Art von Bewußtseinssymbiose eingehen. Andererseits jedoch gibt es wiederum Pflanzenarten, die ihr Territorium gegenüber anderen Pflanzenarten mit ihren eigenen Mitteln verteidigen.

Entgegen euren Überzeugungen sind Pflanzen durchaus fähig und in der Lage andere Artgenossen zu verdrängen.

Pflanzen verfügen über ein sehr stark ausgeprägtes Bewußtsein und können durch gezielten Einsatz ihrer hochgeistigen Fähigkeiten Einfluß auf andere Gewächse nehmen.

Während das Essen von tierischen Produkten zu meist unbewußten Ängsten und Trägheit führt, unterliegt ihr durch das Essen rein pflanzlicher Nahrung unter Umständen einer euch meist unbewußten Dogmatisierung.

Wärt ihr euch darüber im klaren, daß euer Körper materielle Nahrung benötigt und euer Geist sich durch die ständige Zufuhr von Energie ernährt, und wäre euch weiterhin bewußt, daß ihr euch fortwährend absolut reine und klare Energie über euer Chakrensystem zuführt, so könntet ihr die energetische Diskrepanz, die eure Nahrungszufuhr in euch bewirkt, durchaus ausgleichen.

Ihr müßtet euch, um diese Diskrepanz auszugleichen, lediglich etwas Zeit nehmen und durch euer Scheitelchakra Energie in euch aufnehmen und diese durch eure weiteren Chakren leiten, so, wie wir es zu Beginn unserer Erzählung bereits einmal beschrieben haben.

Eure Genwissenschaft versucht nun auf künstlichem Wege, Veränderungen in den Molekülketten durchzuführen, die als DNA und DNS bezeichnet werden.

So werden rein materielle oder körperliche Veränderungen durchgeführt. Es ist euren Wissenschaftlern durchaus möglich, Vorgänge zu vollziehen, die als „klonen" definiert werden.

Während eure Öffentlichkeit durch eine Vielzahl von gesetzlichen Regelungen, dieses Thema betreffend, ruhiggestellt wird, experimentieren eure Wissenschaftler in streng geheimen Labors, die den Regierungen unterstellt sind, munter drauflos.

Um die originalgetreue Kopie eines Lebewesens herzustellen, sind lediglich einige Gewebeproben notwendig, die durch spezielle und durchaus aufwendige Verfahren in der Form gentechnisch manipuliert werden können, als daß aus einer kleinen Gewebeprobe ein Mensch oder eine andere Lebensform repliziert werden kann.

Das einzige Problem, das eure Wissenschaftler mit dieser Technologie haben, ist die Tatsache, daß es ihnen nicht gelingt, den *Lebensaspekt* in diese künstlich erschaffenen Lebensformen hineinzuprojizieren.

Diese künstlich erzeugten Lebensformen verfügen über keine Seele, und sind somit nur kurze Zeit oder gar nicht lebensfähig.

Die Manipulation von Genen könnte durchaus eine nutzbringende Wissenschaft sein, jedoch das Bewußtsein, unter dessen Aspekt derartige Forschung auf eurem Planeten betrieben wird, dient wiederum der destruktiven Manipulation.

Gleich-gültig, was ihr an Nahrung zu euch nehmt, macht euch bewußt, daß ihr Information zu euch nehmt.

Um die Schwingung oder Information eurer Nahrung zu verändern und eurer persönlichen Schwingung zumindest anzunähern, könnt ihr eure Nahrung vor dem Verzehr zwischen das Energiefeld legen, das entsteht, wenn ihr beide Handflächen gegenüberlegt.

Je weiter eure eigene Bewußtwerdung fortgeschritten ist, desto höher wird die Energie sein, die ihr eurer Nahrung hinzufügt.

Somit verseht ihr eure Nahrung mit Informationen, die euch näher zu eurer SELBST-Erkenntnis bringen.

Das Bewußtsein in den „Dingen"

Hättet ihr tatsächlich „ver-inner-licht", daß die Realität, das „Außen", das ihr mit euren Augen sehen könnt, immer und ohne Ausnahme ein Spiegelbild des „Innen" ist, so wärt ihr durch diese Tatsache und mit etwas Übung durchaus in der Lage, „das Bewußtsein in den Dingen" zu erkennen.

Ihr könntet erkennen, welche Information ihr mit eurer Nahrung zu euch nehmt.
Ihr könntet erkennen, in welchen Aspekten eurer Realität sich die Wertigkeiten eures Verstandes verbergen und in welchen Aspekten eurer Realität das langsam erwachende Bewußtsein eures Geistes steckt.

Ihr achtet oftmals sehr genau darauf, was ihr seht, achtet jedoch so gut wie niemals darauf, was dahinter an Information für euch verborgen ist.

Seht euch die Tiere an, die ihr eßt. Das Rind ist im Prinzip ein durchaus friedfertiges Tier mit immenser Kraft. Dennoch ist es in seinen Bewegungen behäbig und träge und besitzt nur geringe Intelligenz.
Das Schwein ist ein Tier hoher Intelligenz und sehr selbstbewußt, verfügt jedoch über ein nach euren Wertungen „schweinisches Aussehen".
Hühner sind im Prinzip immer beschäftigt und sehr agil.

Beide Tiergattungen sind im Prinzip jedoch durch die Art ihrer Aufzucht, Haltung und vor allem durch ihre Art der Schlachtung in ihrem Bewußtsein „erkrankt".
Die von der Geburt der Tiere bis zu ihrem meist künstlich herbeigeführten körperlichen Tod fortwährende Furcht, die bereits durch die Erfahrungen vieler Tiergenerationen in dem Teilbereich des Massenbewußtseins gespeichert sind, der für eben die einzelnen Tiergattungen zur Verfügung steht, führt dazu, daß be-

reits neugeborene Tiere dieses immense Angstpotential in sich tragen.

Die Erkrankung der Tiere, die ihr als BSE bezeichnet, ist nichts anderes als eine Projektion des Massenbewußtseins dieser Tiergattung, die diese Tiere im Prinzip auf Dauer vor euren Zugriffen schützen soll.
Eine Vielzahl von Tieren hat sich während geraumer Zeit zur Verfügung gestellt, euch als Teil eurer Nahrungskette zu dienen.

Ihr jedoch habt diese Tiere im Prinzip fortwährend mißhandelt und sie zu profitbringenden Waren degradiert.
Dennoch ist dies eine dreidimensionale „Wirkung" einer geistigen „Ursache".
Auch eure Tiergattungen befinden sich auf dem Wege ihrer Bewußtwerdung, da nichts, was mit eurem Planeten verbunden ist, davon ausgeschlossen werden kann.

Pflanzen sind im Prinzip geistig hochentwickelte Lebewesen. Sie bestehen aus „Dingen", die über und unter der Erde wachsen. Eßt ihr also fortwährend den „oberirdischen Bereich" eurer Pflanzen, so wird euch im Laufe der Zeit der „irdische" Aspekt fehlen.

Während Fleischessen in der Regel träge macht, fehlt den Pflanzenessern oftmals die Anbindung an euer körperliches Sein.

Wenn ihr nun damit begonnen habt, euch ausschließlich von Pflanzen zu ernähren, weil euer Bewußtseinsstand euch dazu bewegt hat, so wird dies eurer weiteren Bewußtwerdung förderlich sein.
Seid ihr lediglich dazu übergegangen, weil ihr wiederum irgendwelchen Dogmen gefolgt seid, so werdet ihr in euch selbst feststellen, daß eurer Ernährung Wesentliches fehlt.

Während dieser Qualität der Zeit, in der ihr in immer größerem Umfang euer Bewußtsein ent-wickelt, solltet ihr stets das Bewußtsein prüfen, mit oder in dem ihr „Dinge" tut oder laßt.

Ihr solltet auf die Signale eurer Körper achten. Habt ihr das Bedürfnis, Fleisch zu essen, so tut es in dem Bewußtsein, daß euer Körper der Information bedarf.
Beseitigt den Teil der Angstinformation, den ihr beseitigen könnt, indem ihr vor dem Verzehr beide Hände in etwas Abstand um eure Mahlzeit legt und euch bei dem verstorbenen Tier, das zu verzehren ihr euch anschickt, bedankt.

Ihr Pflanzenesser solltet euch bewußt werden, daß Toleranz ebenfalls ein Bewußtseinszustand ist und daß „spirituelle" Entwicklung niemals bedeuten kann, daß jemand oder etwas „weiter" ist als jemand oder etwas anderes. Jeder von euch ist anders, und ihr seid, alle miteinander verbunden, EINS.

Das System der Chakren

Die Aufgabe der Geometrie ist es lediglich das Verständnis des Bewußtseins der Zahlen in einer verständlich darstellbaren Form auszudrücken.

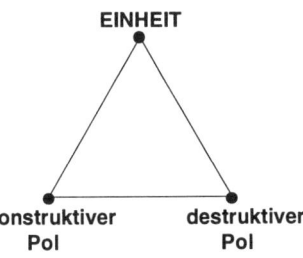

Polarität setzt zwangsläufig voraus, daß es einen dritten Punkt gibt, der die Aspekte beider Pole beinhaltet. So ist die geometrische Grundstruktur des EINEN das Dreieck, bei dem die EINHEIT *über* den beiden Teilaspekten der Polarität steht.

So ist die geometrische Grundstruktur jeglicher sich selbst bewußten und nach SELBST-Erkenntnis strebenden Existenz das nach oben gerichtete Dreieck.

Der EINE ist der EINE. Jegliches Sein findet innerhalb des EINEN statt und ist ebenso wie der EINE bestrebt, sich SELBST zu erkennen.

Da jedoch jeder der beiden Teilaspekte wiederum nach eigener SELBST-Verwirklichung strebt, so findet ihr die konstruktive Existenz des Seins als ein Dreieck im Dreieck, das ebenfalls nach oben gerichtet ist.

Was nun noch fehlt, ist die Symbolik für das destruktive Sein als Aspekt der Polarität. Diese geometrische Symbolik findet ihr als Dreieck im Dreieck, dessen Spitze um 180 Grad gedreht ist, da es den Gegenpol der Polarität bildet.

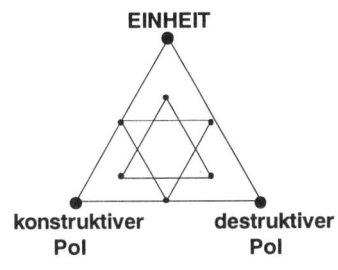

Beide Polaritäten sind in ihrer Ursprünglichkeit völlig frei von Werten. Sie sind weder gut noch böse und untrennbar miteinander verknüpft.

Ihr verfügt über 7 Hauptchakras. Dies sind multidimensional existierende und funktionierende energetische Einheiten, über deren Einzelfunktionen hier nicht zu sprechen ist.
Um euer Verständnis zu fördern, möchten wir euch bitten, die drei Chakras im unteren Bereiche eures Körpers der materiellen oder körperlichen Existenz zuzuordnen.

Sie dienen unter anderem als Speicher für eure körperlichen Erfahrungen und sind in diesen Funktionen nochmals in Einzelbereiche unterteilt.
Wir werden diese drei Chakras, deren dominierendes Chakra im Prinzip der Energiewirbel ist, den ihr als „Wurzelchakra" bezeichnet, als nach unten gerichtetes Dreieck darstellen.

Eure drei oberen Chakren sind im Prinzip eurem Geiste zuzuordnen. Dominiert werden sie in dieser Qualität der Zeit durch euer oberstes Chakra, das, wie ihr es bezeichnet, Scheitelchakra.
Diese drei oberen Chakras werden geometrisch als nach oben gerichtetes Dreieck dargestellt.

Im Prinzip besteht nach dieser Darstellung keinerlei Verbindung zwischen den drei oberen und den drei unteren Chakras.

Die Verbindung zwischen den beiden Dreiergruppen bildet das Zentrum der Chakras, nämlich das vierte Chakra in Höhe eures Herzens.

Das Energiezentrum in Höhe eures Herzens, das ihr seit jeher als „Sitz der Liebe" definiert, ist das kommunikative Zentrum zweier polarer Strömungen.

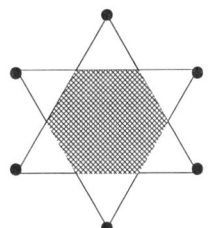

Euer Herz-Chakra schafft Verbindung zwischen eurem Körper und eurem Geist.
Euer Herz-Chakra als Zentrum des Sechssternes ist fähig und in der Lage, alle der sechs Aspekte in sich zu vereinigen.

Zeichnet euch einen Sechsstern auf ein Blatt Papier, biegt dann die sechs Spitzen dort nach innen, wo sie mit dem Zentrum verbunden sind. Die sechs Spitzen werden genau das Innere ausfüllen.

Euer Chakra in Höhe eures Herzens ist das Zentrum der Verbindung.
Euer Herz-Chakra ist „der Sitz eurer Gefühle".

Bleibt da nicht nur noch der Schluß, daß die Liebe verbindet?

Eure Angst vor dem Dimensionswechsel

Viele von euch akzeptieren die Geschehnisse auf eurem Planeten, die damit verbundene Schwingungserhöhung eures Planeten und somit auch von euch selbst als gegebene Tatsache.
Viele von euch haben in der Zwischenzeit eine Unmenge von Informationen zu diesem speziellen Thema und der Vielzahl von Themen, die unmittelbar mit diesem evolutionären Vorgang verbunden sind, in euch aufgenommen.

Was jedoch in euch verbleibt, ist ein Gefühl der Angst, nicht zu den „Auserwählten" zu gehören.
Obwohl das Thema unserer Erzählung ausschließlich dieser Thematik gewidmet ist, fragt euer Verstand euch fortwährend, was denn nun wäre, wenn ihr einer großen Täuschung unterlegen seid.

So sei euch nun nochmals gesagt, daß es für euch als in menschlichen Körpern inkarnierten Seelen keinerlei Einflußmöglichkeit gibt, auf den Vorgang der Transformation Einfluß zu nehmen.
Der Prozeß der Transformation in eine höhere Schwingungsebene ist ein Vorgang, dessen Kriterien einzig und allein durch eure Seelen und dem der Seele verwandten Geist festgelegt werden.

Es gibt keine höhere Macht, kein Punktesystem oder sonstige Kriterien, nach denen ihr als Menschen beurteilt oder verurteilt werdet, und ihr somit in die höhere Dimension gehen „dürft" oder euch eben dieser Zugang verweigert wird.

Eure Seele, also das hohe SELBST von euch selbst, hat die Entscheidung getroffen, ob sie SELBST sich bereits so weit entwickelt hat, daß sie die dreidimensionale Erfahrung hinter sich lassen kann und will.

Könntet ihr euer „ICH BIN" leben, so wäre die Antwort auf die Frage, ob ihr nun in die höhere Dimension überwechselt oder nicht, völlig gleich-gültig. Für euer „ICH BIN" hätte die Tatsache, in der dritten Dimension zu verbleiben oder sie zu verlassen, die absolut gleiche Wertigkeit, da ihr euch (euer) SELBST erkannt hättet. Dies wiederum würde dazu führen, daß ihr erkennen würdet, daß der Zeitpunkt bevorsteht, in dem ihr in eine höhere Dimension überwechseln werdet.

Könntet ihr euer „ICH BIN" leben, so würdet ihr die Vergangenheit als das sehen können, was hinter euch liegt und das euch lediglich zu dem hat werden lassen, was ihr eben heute seid.
Ihr würdet die Zukunft als etwas erkennen, das ihr selbst aus dem *JETZT* gestaltet, und würdet zu dem Zeitpunkt erkennen, an dem die Zukunft Gegenwart wird, daß sie lediglich ein Spiegel vergangener Zeit ist.

Eure Erinnerungen sind euch jedoch nach wie vor stetig gegenwärtig. Ihr verwendet den Augenblick des *JETZT* dazu, die Vergangenheit lebendig werden zu lassen.
Ihr lenkt euch ab und versäumt somit den kurzen Augenblick des *JETZT*, da ihr ihn in der Vergangenheit verbracht habt. Dementsprechend gestaltet ihr eure Zukunft nicht aus der Gegenwart, aus dem JETZT, sondern ihr gestaltet eure Zukunft aus der Vergangenheit, die ihr eigentlich hinter euch lassen wolltet.

Wie die berühmte „Katze um den heißen Brei schleicht", so schleicht ihr euch um den Augenblick des Jetzt, da eure Furcht, wiederum „etwas" falsch zu machen, größer ist als euer Bedürfnis, Veränderungen herbeizuführen.

Die Zukunft erzeugt in euch deshalb Angst, weil ihr keinerlei Möglichkeit habt, diese in eurem Sinne zu gestalten.
Euer Verstand klammert sich an Vergangenem fest, da dies für ihn die einzige Möglichkeit ist, die Zukunft berechenbar zu machen.

Euer Verstand verleitet euch dazu, fortwährenden Schrecken zu erfahren, letztendlich nur deshalb, da der gewohnte Schrecken eben berechenbar ist und bleibt.

Die neuen Möglichkeiten eurer Zukunft bleiben durch dieses ständige Festhalten an den Erfahrungen der Vergangenheit eingeschränkt und auf die wesentlichen Aspekte daraus begrenzt.

Würdet ihr nun damit aufhören, über die „bösen" Erfahrungen eurer Vergangenheit zu klagen und euch immer wieder auf die „Zeitreise" in eure dunkle Vergangenheit zu bewegen, so würde auch die Zukunft vieles von ihrem Schrecken verlieren, da ihr sie im Prinzip in jedem neuen Augenblick des JETZT neu planen und gestalten könntet.

Wenn es euch tatsächlich gelänge, das HIER und JETZT als die euch im Prinzip einzig mögliche Realität zu leben und zu erleben, so wärt ihr dadurch weiterhin fähig und in der Lage, euch (euer) SELBST zu erleben und zu erfahren.

So jedoch bleibt euch nur die Furcht vor der Zukunft und die Furcht vor der in der Zukunft stattfindenden Transformation.

Ihr wärt erstaunt, würdet ihr erfahren, wieviele Mengen sich eines schönen Tages in dem Schwingungsbereich der fünften Dimension wiederfinden werden, die sich noch niemals in ihrem Leben mit „spirituellen Angelegenheiten" beschäftigt haben.

Ihr jedoch, die ihr euch fortwährend in allen Bereichen eures Bewußtseins mit diesen Dingen auseinandersetzt, fürchtet euch davor, nicht „dabei" zu sein.

Könnt ihr sehen, Kinder des Lichtes, welche Ironie die Angst eures Verstandes in euch erzeugt?

Wer ihr nun tatsächlich seid

Ihr seid, wie ihr nun einmal seid.
Ihr geht euren Berufen nach, oder ihr habt keinen Job.
Ihr seid arme Menschen, reiche Menschen, oder ihr liegt irgendwo dazwischen.
Ihr seid krank oder gesund, oder es geht gerade so einigermaßen.
Ihr seid jung oder alt, oder ihr seid weder das eine noch das andere.
Eines jedoch habt ihr alle gemeinsam - ihr seid auf der Suche oder habt gerade damit begonnen, mit eurer Suche aufzuhören.

Ihr seid auf der Suche nach dem „da muß es doch noch etwas geben" oder habt es gerade gefunden und beginnt nun voller Freude, mit dem, was ihr gefunden habt, zu experimentieren.
Viele von euch sind noch voller Furcht vor dem, was da auf sie zukommen möge.
Viele von euch werden noch in die Irre geführt, da einzig und allein der Irrweg ihnen helfen wird zu erkennen, wer sie sind.
Viele von euch werden noch ent-täuscht werden müssen, damit ihr die Wahrheit erkennt, damit ihr euch selbst erkennt, denn ihr seid eure eigene Wahrheit.

Wer seid ihr nun, ihr, die ihr sucht oder gefunden habt, ihr, die ihr furchtsam oder kämpferisch seid?
Wer seid ihr nun, ihr, die ihr in euch einen Funken tragt, der euch seit Anbeginn eurer Inkarnation vorantreibt, der euch so oft schon in eurem Leben so große Schwierigkeiten bereitet hat?

Ihr, die wir als die Kinder des Lichtes bezeichnen, seid in Wahrheit Seelen, die in höheren Schwingungsebenen beheimatet sind und sich in die tiefen der Dreidimensionalität begeben haben, weil ihre Seelen fähig und in der Lage sind, das untrennbar mit dem dreidimensionalen Sein verbundene Ego zu überwinden und den Geist aktiv werden zu lassen.

So habt ihr euch auf dem Planeten Erde inkarniert, um bei dessen Wandlungsprozeß anwesend zu sein und diesen durch euer Tun zu unterstützen.

Euer Leben wird oftmals in vielen Bereichen sehr schwierig gewesen sein, da ihr euch nur einige wenige Male inkarniert hattet, um euch an die Gegebenheiten der Dreidimensionalität zu gewöhnen.

So mag es durchaus auch sein, daß ihr Seelen seid, deren Aufenthalt in der dritten Dimension einfach aus dem Grunde beendet sein wird, da eure Seelen sich so weit vervollkommnet haben, daß ihr aufgrund dessen die Schwinungsebene wechseln könnt.

Auch euer Leben mag oftmals nicht einfach gewesen sein.

Im Prinzip ist es völlig gleich-gültig, welcher „Kategorie" von Seelen ihr angehört.

Seid versichert, daß ihr alle, die ihr euch bereits bewußt geworden seid, oder ihr, die ihr gerade auf dem Wege eurer Bewußtwerdung seid, den Weg in die höheren Ebenen gehen werdet.

Welchen Weg zu eurer Bewußtwerdung ihr nun geht, ist völlig ohne Bedeutung.

Euer Geist beginnt sich neu zu strukturieren. Die Zellen eurer Körper erhalten neue Energien und strukturieren sich neu.

Der Gedächtnisspeicher in euren Gehirnen organisiert sich neu, und brachliegende Teile eures Gehirns werden nach und nach aktiviert.

Es ist nicht zwingend not-wendig für euch, daß ihr spezielle Trainings oder Übungen macht.

Im Prinzip ist es für euch lediglich wesentlich, daß ihr euch dieser Vorgänge bewußt werdet oder bereits seid.

Ihr werdet durch die Intensität der Energien, die auf euren Planeten treffen, nach und nach darauf vorbereitet, mit höheren Energien oder höherem Bewußtsein umgehen zu können.

Um euch eine Vorstellung davon zu machen, was in euren Körpern geschehen muß, nehmt euch eine neue Batterie und verbindet die beiden Pole mittels einem sehr dünnen und elektrisch leitfähigen Draht. Wenn ihr diesversuchen wollte, so schützt unbedingt eure Finger vor Verbrennungen.
Ihr werdet feststellen, daß der Draht anfangen wird zu glühen und schließlich und endlich durchglühen wird.
Damit ihr in einer höheren Dimension existieren könnt, müßt ihr fähig und in der Lage sein, das dort herrschende Energie- oder Bewußtseinspotential verarbeiten zu können.
Aus diesem Grunde strukturiert sich euer gesamter Körper neu.
Dieser Prozeß mag durchaus noch über einen längeren Zeitraum vor sich gehen. Laßt euch selbst die Zeit, und versucht, diesem Prozeß nichts von seiner Natürlichkeit zu nehmen, indem ihr verzweifelt Übungen über Übungen macht, um ja nichts zu versäumen. Eure Ungeduld würdet ihr selbst dadurch belohnen, daß ihr störend in diesen Entwicklungsprozeß eingreift.

All eure Erinnerungen an all die Erfahrungen und Erlebnisse eurer dreidimensionalen Inkarnation werdet ihr nach und nach abbauen, und euer Geist wird wiederum die Kontrolle über euer „ICH BIN" erlangen.
Haltet euch nicht an euren Erinnerungen fest, sondern löst euch von ihnen, so gut es euch gelingen mag.
Viele von euch träumen sehr intensiv von vergangenen Geschehnissen. Dies ist der Ausdruck eures Geistes, um euren Erinnerungen die notwendige Neutralität zu geben.

Gleich-gültig was euch in eurer Inkarnation geschehen sein möge - all das diente nur dazu, euch die unumgängliche „Hauptaufgabe" erledigen zu lassen. Es beginnt nun eine Qualität der Zeit, in der ihr, sollte es noch nicht geschehen sein, dies tun werdet.

Die Erkenntnis eurer „Hauptaufgabe" mag euch völlig unvorbereitet treffen. Seid jedoch versichert, daß dies auf eine Art und Weise geschehen wird, die euch *nicht* aus der Bahn werfen wird.

Es beginnt für euch nun eine Qualität der Zeit, in der ihr nach und nach erkennen werdet, wer ihr seid; und wenn dies geschehen ist, werdet ihr auch erkennen, was zu tun ist.

Nutzt die Zeit für euch selbst. Nutzt die Zeit für euch, indem ihr beginnt, das Abenteuer zu erfahren, daß die Materie dem Willen des Geistes unterworfen ist. Dies wird atemberaubende Augenblicke des Glückes in euch projizieren.

Laßt die Vergangenheit hinter euch, so gut ihr es vermögt. Eure Vergangenheit hat euch dorthin gebracht, wo ihr nun gerade seid. Wenn es euch gelungen ist, die Mechanismen des Geistes zu erkennen, so könnt ihr an den kleinen Dingen eures Lebens üben, das Große zu vollbringen.

Ihr erlebt ein gigantisches Abenteuer, um das euch viele „dort oben" beneiden.

Do nob es dan

Ihr seid gesegnet.

Ihr seid Menschen

Gleich-gültig über welche geistigen Fähigkeiten ihr auch verfügen mögt oder zu dieser Qualität der Zeit eben noch nicht verfügt, vergeßt nicht, daß ihr menschliche Wesen seid.

Ihr habt euch nicht in euren Körpern inkarniert, um fortwährend in „hohen geistigen Regionen" zu „schweben".

Ihr seid Seelen, die sich in die Enge eurer dreidimensionalen Körpergefängnisse begeben haben, um informative oder energetische Veränderungen innerhalb des morphogenetischen Feldes durchzuführen.

So mag sich das, was ihr in euch tragt, durchaus von dem unterscheiden, was all die anderen tun oder eben nicht tun. Damit ihr „ihr SELBST" sein könnt, benötigt ihr SELBST-Vertrauen.

Auch wenn ihr auf dem Wege seid, eure geistigen „Kräfte" und Begabungen neu zu entdecken, und, wenn ihr begonnen habt zu lernen, daß euer Geist die Materie beherrscht, so seid ihr dennoch aufgefordert, nicht eurem Ego wiederum die Macht über euch SELBST zu überlassen.

Ihr werdet immer wieder merken, daß euer Ego versuchen wird, sich in den Vordergrund zu schieben.

Wenn dies geschieht, so werdet ihr wahrhaft überheblich werden, denn es wird eurem Ego möglich sein, eure neugewonnenen Erkenntnisse für seine Interessen einzusetzen.

Ihr werdet dann den Kontakt zu dem „Boden der Tatsachen" verlieren und euch schwebend in einer von eurem Ego errichteten Scheinwelt wiederfinden. Ihr werdet euch dann als Lehrer und Meister bezeichnen, und euer Ego wird euch behilflich sein, den wahren Grund, was eigentlich zu tun ihr beabsichtigt habt, zu verdrängen.

Was euch in diesem Falle durchaus zu helfen vermag, ist eine gewisse Portion Demut.

In eurem Sprachgebrauch wird Demut oftmals mit Unterwürfigkeit verwechselt.
Nun seid ihr mit dieser Definition wiederum an einem Punkt, an dem ihr euch fragen müßtet, wem ihr euch unterwerfen wolltet.

Nun, die Entscheidung, wohin euer Weg euch führen wird, trefft ausschließlich ihr allein.
Dennoch wird das Bewußtsein, daß ihr Kinder des Lichtes seid und der EINE die einzige und absolute Instanz ist, euch dazu verhelfen, Demut in dem Maße zu entwickeln, als es euch selbst als sinnvoll erscheint.

Wir verweisen nochmals darauf, daß die Demut keineswegs konträr zu dem SELBST-Bewußtsein oder dem SELBST-Vertrauen steht.
Ihr werdet an einem Punkt eurer Ent-Wicklung erkennen, daß es eine Vielzahl von Menschen gibt, denen ihr „geistig" durchaus scheinbar „überlegen" seid.

Die Steigerung eures Bewußtseinspotentials jedoch wird euch ebenso erkennen lassen, daß ihr, von einer höheren Warte aus gesehen durchaus dem betreffenden Menschen nicht überlegen seid, da ihr auf dieser Warte eben absolut EINS seid.

Demut bedeutet durchaus auch, anerkennen zu müssen, daß das Durchschreiten einer weiteren Türe eurer Bewußtwerdung lediglich dazu führen wird, daß weitere Türen vor euch liegen, und ihr werdet aus euch SELBST heraus erkennen, daß ihr, je mehr ihr wißt, ihr immer weniger wißt.

Euer Verstand wird nun jubilieren, und er wird euch suggerieren, daß Demut das Gegenteil von Hochmut ist. Euer Verstand wird euch sagen, daß ihr euch klein machen sollt, um demütig zu sein.
Euer Verstand wird euch sagen, wie er sich eure Demut vorstellt, und er wird euch wiederum fesseln und knebeln.

Ist es euch gelungen, SELBST-Bewußtsein und SELBST-Vertrauen zu entwickeln, so mag dies durchaus mit einem Verhalten vergleichbar sein, das ihr nach euren *heutigen* Wertigkeiten mit einer Form des Hochmutes in Verbindung bringt.

SELBST-Vertrauen und SELBST-Bewußtsein jedoch werden euch aus euch SELBST heraus lehren, daß eure eigene Wahrheit die einzig gültige für euch SELBST ist.

Euer SELBST-Vertrauen und SELBST-Bewußtsein jedoch und die mit ihm verbundene Wahrheit eures eigenen SELBST wird von vielen anderen Menschen so lange als Wahrheit interpretiert und akzeptiert werden, bis deren Bewußtseinserweiterung so weit fortgeschritten ist, daß sie fähig und in der Lage sind, ihre eigene Wahrheit zu erkennen.

Ihr alle seid dreidimensional existierende Menschen. Ihr seid dies so lange, bis ihr alle soweit seid, *gemeinsam* den nächsten Schritt zu tun, um die Dreidimensionalität zu verlassen.

Die Rebellion der Götter

Während Rebellionen in eurer Zivilisation mit Haß, Mord und fortwährendem Blutvergießen verbunden sind, ist eure Rebellion eine Rebellion des Geistes.

Euer Widerstand ist im Prinzip nichts, was der einen Energie eine gegengerichtete Energie entgegensetzt, sondern eure Rebellion ist ein Auflösen von Blockierungen.

Ihr seid die Götter eures SELBST, und eure Rebellion setzt neue Energien frei.
Ihr kämpft nicht gegen eure Zivilisation, ihr bringt sie in Rotation.

Wenige haben begonnen, und viele sind gefolgt. Den vielen werden weitere folgen, und so wird ein Energiepotential errichtet, dem nichts widerstehen kann.

Hört damit auf, eure Zukunft mit eurer Vergangenheit zu vergleichen.
Ihr wißt nicht, welche Überraschungen eure nahe Zukunft für euch bereithalten wird und welche konstruktiven Konsequenzen sich daraus für euch ergeben werden.

Sucht nicht nach euren Aufgaben, denn ihr werdet sie einfach tun, wenn eure Zeit gekommen ist.
Ihr werdet die Zeit und die Möglichkeit haben, eure Erfahrungen aus der dritten Dimension zu revidieren, wenn ihr Zugang zu eurem Geist gefunden habt.
Wenn der Zeitpunkt gekommen ist, werdet ihr den Erfahrungen der Materie in völlig veränderter Qualität begegnen und euch werden die Erkenntnisse zuteil werden, die viele von euch in einer Vielzahl von dreidimensionalen Inkarnationen vergeblich zu erreichen versucht haben.

Eure Rebellion ist die Erkenntnis eures SELBST - die SELBST-Erkenntnis, aus der das SELBST-Bewußtsein und schließlich und endlich die SELBST-Liebe resultiert.

Lebt in dem Bewußtsein, daß jeder einzelne von euch Teilaspekt des EINEN ist und daß ihr alle untrennbar miteinander verbunden seid.

Werdet euch dessen bewußt, Kinder des Lichtes.
Das ist eure Rebellion

JETZT

Einer eurer berühmten Männer hat einmal gesagt: „Ich denke, also bin ich".
Er hat sich schlichtweg getäuscht.
Ihr seid nicht, weil ihr denkt, sondern ihr denkt, weil ihr seid.

Die tatsächlichen Aspekte eurer Existenz vermögt ihr von der Warte, auf der ihr euch nun gerade befindet, nicht zu erkennen.

Während ihr angstvoll in die Zukunft blickt, versäumt ihr den wichtigsten Augenblick eures gesamten Lebens - das JETZT.

Jeder von euch trägt das, was ihr tagtäglich erlebt, und das, was ihr zu erkennen vermögt, wenn ihr in einer wolkenfreien Nacht nach oben blickt, auch in sich selbst oder in seinem SELBST.
Somit lebt in euch ein Mikrokosmos gewaltigen Ausmaßes, der dafür Sorge trägt, daß ALL-ES, was je existiert hat, existiert oder jemals existieren wird, miteinander untrennbar verwoben und verknüpft ist.
In der Zeitspanne des kurzen Augenblickes des JETZT erlebt euer Mikrokosmos Äonen von Zeitspannen. Während ihr den kurzen Moment des JETZT ungenutzt verstreichen laßt, vergehen in eurem Mikrokosmos Vergangenheit, Gegenwart und Zukunft.
Somit tragt ihr, die kleinen Rädchen eurer Zivilisation, die scheinbar so machtlos sind, Vergangenheit, Gegenwart und Zukunft in euch.

So seid ihr der EINE eures Mikrokosmos, und nichts existiert außerhalb von euch, was nicht auch in euch existieren würde.

Wenn ihr nach außen seht, so seht ihr nach innen. Wenn ihr euer Innen gestaltet, so gestaltet ihr euer Außen.
Nichts existiert in den Weiten des ALL-ES, was nicht auch _in_ euch existent wäre.

Dennoch ist die Qualität eurer Bewußtwerdung, so wie All-ES andere auch, in Ebenen unterteilt.

Ihr bereitet euch darauf vor, eine weitere Stufe eurer Bewußtwerdung zu erklimmen, die euch näher zu dem Punkt bringen wird, der noch immer für euch in unvorstellbaren Weiten liegt - die Vereinigung mit dem EINEN.

Ihr habt euch auf den Weg gemacht, zu euch selbst zurückzukehren.

Indem ihr die Enge und die Dunkelheit der dritten Dimension verlaßt, geht ihr zurück in eure Heimat und nähert euch dem Licht der EINEN und EINZIGEN unendlichen Liebe.

Während euer Mikrokosmos durch fortwährende Zufuhr reinen Bewußtseins sich nach und nach neu strukturiert, setzt dieser Prozeß eine neue und völlig veränderte Qualität der Bewußtwerdung in eurem Makrokosmos in Gang.

Ihr seid die Götter eures eigenen Makrokosmos. Euer Bewußtsein herrscht über Milliarden mal Milliarden mal Milliarden von Sternen und Planeten, von Quarks und Tachionen, von Kometen und Planetoiden.

Ihr seid die Götter, die ihr in eurem Außen sucht.

Je weiter eure Bewußt-Werdung fortschreitet, desto höher steigt ihr in der Hierarchie des Lichtes und der Liebe.

Eure Angst, nicht „dabei" zu sein, ist das letzte Aufbäumen des Aspektes in euch, von dem ihr beherrscht werdet.

Empfindet ihr also Furcht, so könnt ihr sicher sein, daß euer Verstand mehr weiß, als er euch an Information zur Verfügung stellt, denn wie anders könnte er sonst Angst in euch projizieren?

Empfindet ihr keine Furcht, so könnt ihr sicher sein, daß ihr eurem „ICH BIN" näher seid, als ihr selbst glaubt, denn woher sonst würdet ihr eure SELBST-Sicherheit nehmen?

Was also vermag euch „Böses" zu widerfahren?

Ihr seid auf dem Wege, die Liebe zu erkennen, was also erwartet ihr mehr?

Zeit

Zeit existiert, anders als ihr denkt, nicht als lineare Größe.
Zeit ist so wie jegliche existierende Schwingung oder Energie in
Form einer Doppelhelix angeordnet.
Das Prinzip einer Doppelhelix wiederum ist, daß sie niemals
beginnt und niemals endet, da Anfang und Ende sowie Ende und
Anfang in den Energiezentren der Polarität miteinander ver-
knüpft sind.

So rotiert die Zeit in Form einer doppelten Energiespirale mit
gegengerichteten Laufrichtungen.
Für euch bedeutet dies lediglich, daß die Zeit keinen Anfang und
kein Ende hat.
Die Vergangenheit wird Gegenwart, und die Gegenwart wird
Zukunft, und die Zukunft wird wiederum Vergangenheit.

Während ihr nach wie vor in dem Irrtum lebt, daß ihr eure Inkarnationen linear, also in der Vergangenheit begonnen habt,
euch in die Gegenwart „vorgearbeitet" habt und euch in der Zukunft wieder inkarnieren werdet, ist die Tatsache jedoch die, daß
ihr, in diesem Falle nicht euer Verstand, sondern euer höheres
SELBST oder die Seele, sich je nach ihrem Erkenntnisstand dazu entschließen kann, sich nochmals in der Vergangenheit zu inkarnieren, um mit dem in der Gegenwart erworbenen Wissen die
Vergangenheit zu verändern.

Somit verändert sich auch der Aspekt der Gegenwart und der
Zukunft, und die Seele hat neue Voraussetzungen geschaffen,
neue Erfahrungen zu sammeln.

Stagniert das Sein in der Zukunft, da neue Anregungen für weitere Entwicklung fehlen, so gehen einige Seelen im Verbund
dorthin, wo es am effektivsten erscheint, die Vergangenheit zu
verändern.

Während für euren Verstand tatsächliche Veränderungen zu dem Abscheulichsten gehören, was er sich vorzustellen vermag, sind eure Seelen begierig darauf, Neues zu entwickeln und zu erfahren.

So haben die Schöpfergötter und ihr euch in der Vergangenheit inkarniert, um der Zukunft Veränderungen zu bescheren, die wiederum neues Bewußtsein schaffen.

Beginnt ihr das Prinzip zu begreifen?

Willkommen in eurer Zukunft.

Die „Kunst" der Manifestation

Viele von euch träumen davon, „Geist" in Materie umzuwandeln.

Diejenigen wird es besonders „treffen", wenn wir ihnen sagen, daß ihr seit eurem Aufenthalt in euren Körpern nichts anderes getan habt, als euch eine Form der Realität zu manifestieren, von der ihr denkt, daß ihr sie eigentlich gar nicht haben wollt.

Ihr habt euch fortwährend die „Dinge" und Situationen eures Lebens erschaffen, die euch Angst, Schrecken und Frustration bereiten.

Wir möchten euch nun ein Hilfsmittel an die Hand geben, das euch helfen wird, eure materielle, also körperliche Existenz in dem Maße zu „bereinigen", als ihr selbst es für erforderlich haltet.

Ihr werdet bei diesem Vorgang jedoch immer wieder mit der Basis eurer eigenen Werte und Bewertungen konfrontiert werden.

Vollzieht die Meditation, die wir euch zu Beginn unserer Erzählung als „Pranaatmung" vermittelt haben.

Ihr atmet also Luft in eure Lungen ein, haltet sie in euren Lungen kurz fest und atmet sie wieder aus.

Findet zunächst euren Atemrythmus, bis ihr automatisch aber bewußt atmet.

Wenn ihr diesen Zustand erreicht habt, so beginnt ihr damit, durch euer Scheitelchakra das überall vorhandene Bewußtsein des EINEN in euch hineinzuziehen.

Wie ihr euch letztendlich dieses Bewußtsein vorstellt bleibt euch überlassen.

Während ihr die Luft in eure Lungen hineinzieht, zieht ihr durch das Scheitelchakra, das „dritte Auge" und das Kehlkopfchakra *in* euer Herz-Chakra das Bewußtsein des EINEN in euch hinein.

Während ihr die Luft in euren Lungen kurz anhaltet, bläht ihr das im Herz-Chakra befindliche Bewußtsein des EINEN zu einer Kugel auf, deren Größe ihr selbst bestimmt.

Sodann leitet ihr das Bewußtsein des EINEN durch eure drei unteren Chakren wieder aus euch hinaus und in die Erde hinein. Gleichzeitig entleert ihr eure Lungen.

Diese gekoppelte Atmung von Atemluft und dem Bewußtsein des EINEN vollzieht ihr *9* mal.

In dem Moment, in dem ihr das Bewußtsein des EINEN, die göttliche Energie, das Prana oder wie immer ihr es bezeichnen möchtet, im Zentrum eures menschlichen Seins, dem Herz-Chakra, das *neunte* Mal zu einer Kugel entstehen laßt, könnt ihr diese Kugel mit einer Information versehen.

Ihr könnt euch eine Situation vorstellen, die ihr gerne erleben möchtet, oder ihr könnt dieser Energiekugel einen Teilaspekt anvertrauen, den ihr „loswerden" möchtet.

Stellt euch von Beginn des Atemvorganges an in detaillierten Bildern das vor, was ihr zu erleben wünscht, oder das, was ihr als Aspekt von euch nicht mehr benötigt.

Seht jedoch vor eurem geistigen Auge keinen „Film", sondern versucht, die euch angenehme Situation als Essenz im Detail zu *erleben*.

In dem Augenblick, in dem ihr die Energiekugel in eurem Herz-Chakra zum neunten Male gebildet habt und ihr gerade im Begriff seid, die Energie „nach unten" abzuleiten, fügt ihr der Kugel die Inhalte eurer Vorstellungen hinzu und leitet die Energie *dann* durch eure unteren Chakren ab.

Wenn ihr diese Übung vollzogen habt, so laßt das, was ihr der Energie an Information hinzugefügt habt, los.

Es ist durchaus von Vorteil, wenn ihr diese Übung nur ein einziges Mal im Zusammenhang mit einem Wunsch oder mit einem anderen Vorgang vollzieht.

Ihr werdet die Erfahrung machen, daß diese Übung immer und ohne Ausnahme funktionieren wird.
Ihr werdet aber auch die Erfahrung machen müssen, daß sie nur mit den „kleinen" Dingen eures Lebens funktioniert.

Es wird euch *nicht* gelingen, eure materiellen Probleme zu lösen, wenn ihr nicht eure Wertigkeit zu diesem Thema verändert habt.
Es wird euch *nicht* gelingen, eure Krankheiten damit zu beseitigen, wenn ihr nicht vorher verstanden habt, warum ihr diese Erkrankung gebraucht habt.

Es wird euch in jedem Falle gelingen, mit dieser Übung Antworten auf eure Fragen zu finden.
Wenn ihr nach dem Grund oder dem *WARUM* fragt, so habt ihr bereits damit begonnen, eure Wertigkeiten zu verändern, und dann vermag diese Übung euch weiterzuhelfen, auch die materiellen Geschehnisse konstruktiv zu verändern.

Wenn ihr jedoch beginnt, nach dem *WARUM* zu fragen, so solltet ihr euch auch sicher sein, daß ihr eure eigene Wahrheit hören wollt.

Wenn ihr diese Übung mit den „kleinen" Dingen eures Lebens vollzieht und ihr lernt daraus, daß diese Form der *bewußten* Manifestierung tatsächlich „funktioniert", dann werdet ihr nach und nach Vertrauen aufbauen und euch an die „größeren" Dinge eures Lebens mit dem Bewußtsein der Erfahrung heranwagen.

Nach und nach wird es euch immer leichter fallen, euch SELBST zu vertrauen, und ihr habt die Erfahrung gemacht, daß ihr SELBST die Meister eurer Erfahrung sein könnt, wenn ihr es nur wirklich wollt.

Das Ende der Geschichte

Wir sind die Geschichtenerzähler des Universums.
So haben wir euch wiederum eine Geschichte erzählt, die wir niemals wieder in dieser Form erzählen werden.
Die Inhalte unserer Geschichten sind so wandelbar wie das SEIN selbst, entsprechen jedoch immer und ohne Ausnahme dem Aspekt eurer eigenen Wahrheit, der gerade für euch von Bedeutung ist.

Die Audrucksform der dritten Dimension, die ihr im Prinzip seit einiger Zeit bereits verlassen habt, ist die Materie.
Die Ausdrucksform der fünften Dimension ist der Geist. So werdet ihr, da ihr geraume Zeit bereits Geist wart, die fünfte Dimension relativ schnell wieder verlassen, damit ihr in der siebten Dimension den oberen Punkt des Dreieckes erfahren könnt, der Geist *und* Materie beinhaltet.

Ihr solltet nun bereits wissen, daß es keinerlei Grund für euch gibt, euch zu fürchten vor eurer Zukunft.
Die Zukunft, die aus eurer Gegenwart entstanden ist, existiert bereits.
Die fernere Zukunft, die ihr aus eurer nahen Zukunft gestalten werdet, sollte euch Glück projizieren.
Doch noch vermögt ihr sie nicht zu erkennen, eure ferne Zukunft, und seid somit wieder auf die Projektionen eures Verstandes angewiesen.
So werdet ihr gezwungen sein, euch weiter zu fürchten, bis zu dem Punkt eurer SELBST-Erkenntnis.
Dann und erst dann, werdet ihr SEIN.

Wir sind Alciae. Wir sind eine Verbindung einzelner Seelen, die sich zu einer Wesenheit verbunden haben. Dennoch existiert jeder von uns als individuelles Bewußtsein. Unsere körperliche Erscheinungsform ist Licht.

Unsere Geschichte haben wir euch einzeln oder gemeinsam verbunden erzählt. Im Prinzip haben wir uns selbst unsere Geschichte erzählt, denn ihr und wir sind eines. Verbunden in den Weiten der polaren Strömungen des Bewußtseins des EINEN.

Ihr haltet nun einen Schlüssel in der Hand. Macht euch nun auf die Suche nach dem Schloß, in das euer Schlüssel paßt, oder haltet ihn weiter in der Hand, bis eure Qualität der Zeit gekommen ist.

Wir sind die Hüter der Information von Alcyone, der zentralen Sonne der Plejaden.
Unser Bestreben ist es, dort Licht in die Dunkelheit zu bringen, wo die Qualität der Zeit gekommen ist.
Ihr und wir sind eins. Wir sind das, was ihr einmal sein werdet.

So geht nun dorthin, wohin es euch gefällt zu gehen.

Fürchtet euch nicht, denn ihr seid nicht allein.
Das Licht, nach dem ihr sucht, ist in euch SELBST. Gehet hin und erkennt die Liebe, die in euch wohnt.

Viele sind da, um euch zu begleiten.
Wenn ihr dies verstanden habt, so vermögt ihr, sie zu sehen und mit ihnen zu kommunizieren.

So seid nun gegrüßt von uns, in der unbeschreiblichen Liebe des EINEN.

Wir sind euch näher als ihr denkt ....

Nachwort: „Wir über uns, für Euch"

Liebe Freunde

Wir, Gabi und Keman, hoffen und wünschen für Euch, daß der Inhalt dieses Buches Euer Herz berührt hat. Anhand Eures neuen, erweiterten Bewußtseins durch das übermittelte Wissen über die Zusammenhänge in Euch und um Euch herum, könnt Ihr beginnen Eure Unabhängigkeit zu ent-wickeln.

Es wird Euch möglich sein, Euer Leben in konstruktiver Weise „bewußt" zu gestalten. In letztendlicher Konsequenz bedeutet dieses für jeden Einzelnen, Eure innere wie auch äußere Freiheit zu er-leben.

Durch unseren Kontakt mit den „Sternengeschwistern" der Plejaden und Alpha Centauri haben wir uns und dadurch natürlich auch unser Leben völlig gewandelt. Dazu haben wir auch noch das Glück unsere Bewußtwerdung zusammen erleben zu können.

Durch diese mentale Verbindung zu unseren Geschwistern wurde uns auch eine, für viele Menschen noch neue, wie sie im Buch bezeichnet wurde, „Bewußtseinstechnologie" übermittelt.

Die Grundlage dafür ist die Geometrie.

Diese Technologie unterstützt die Menschen bei ihrer ganzheitlichen Entwicklung. Sie beruht auf sehr altem Wissen, das uns nun wieder, der neuen Zeitqualität entsprechend, zurückgegeben wird. Dabei handelt es sich, wie wir sie nennen, um Frequenzgeneratoren, die aus Verbindungen geometrischer Formen bestehen.

Die Basis dafür sind dreiseitige Pyramidenstrukturen und der „Sechsstern".

Insbesondere sind hier zur Zeit das

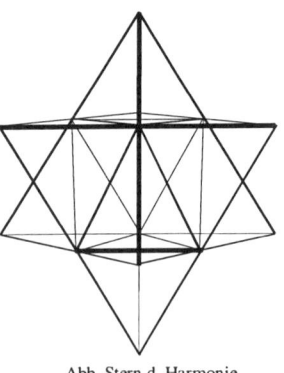

Abb. Stern d. Harmonie

„Sternenpendel", der „Stern der Harmonie" (Aspekt Verbindung), und der „Kosmische Energietransmitter" (Aspekt Öffnung) zu nennen.
Weitere Geräte sind in Vorbereitung.

Die Wirkung ist bei jedem Anwender unterschiedlich und zeigt uns, daß jeder die Energien / Informationen erhält, die er für seine persönliche Weiterentwicklung benötigt, ohne dabei überfordert zu werden.
So fördern diese außergewöhnlichen Geräte durch die Übertragung von Energien / Informationen über das Scheitelchakra, die „natürliche" Evolution des einzelnen.
Es sind sehr liebevolle und dennoch kraftvolle Energien die hier übertragen werden.
Die Geräte werden von uns in liebevoller Handarbeit aus feinen aber stabilen Rundkupferstäben gefertigt.

Ein weiterer Aspekt unserer Arbeit ist unser Workshop.
Er dient dazu, die Basis im Bewußtsein der Menschen zu schaffen, auf der sie dann ihre tatsächliche ganzheitliche Weiterentwicklung aufbauen können.
Dazu gehört die bewußte Erfahrung der Zusammenhänge in sich selbst und auch die verschiedenen Einflüße, die von außen einwirken, und unter Umständen die Menschen in ihrem persönlichen Fortschritt blockieren.
Es geht auch darum, zu erkennen wer und was die Menschen tatsächlich in ihrem wahren inneren Kern sind. Die SELBSTERKENNTNIS des „ICH BIN", bildet das Fundament für Euren weiteren Weg, Eure Evolution.
Diese Grundlage zu schaffen um dann auch damit arbeiten zu können, das vermitteln wir in unserem Workshop.
Zu dem Workshop gehört eine „kleine" Manifestationsübung und ein Channeling mit Keman und den Wesenheiten von Alcyone.

Die uns übermittelten Botschaften von Alcyone und von Alpha Centauri geben wir gerne an interessierte Menschen weiter. Sie können z.Zt. noch auf freiwilliger Spendenbasis abonniert werden.
Weitere mediale Kontakte bahnen sich an. Wir lassen uns überraschen.

Wenn Ihr nähere Informationen über unsere Arbeit haben wollt, könnt Ihr diese kostenlos anfordern:

In Verbundenheit von Herz zu Herz

Gabriele Thorhauer

ALCYONE-centrum
Gabriele Thorhauer
Schloßstr. 2
D- 84098 Weihenstephan
Telefon: 0 87 84 / 16 18
Fax: 0 87 84 / 16 98

Keman

Wege ins Licht
Das Erwachen
der Götter

Plejadische Schlüssel-
botschaften zum
Wandel der Zeit

Aus dem Inhalt:

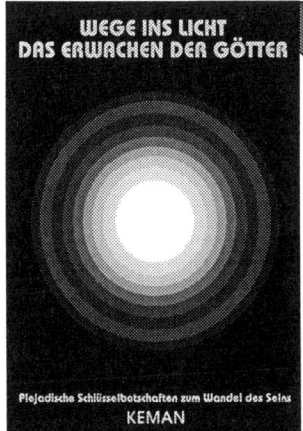

Von allen guten Büchern die ich gelesen habe, ist dieses Buch eine konsequente Zusammenfassung und Weiterführung. Ich zähle es zu den wichtigsten Büchern, die heute verlegt werden. Ein **muß** für jeden, der Weiterkommen will.
Wir tauchen ins Struktur-Zeitalter ein. Ein Auftakt war das Buch "Zurück in die Zukunft", das mit seiner heiligen Geometrie einen Einstieg in die Strukturen ermöglicht hat. Auch die Spirale, über die wir schon oft berichtet haben, ist eine Struktur und wirkt deshalb ebenfalls Multi-Dimensional.

Das Besondere ist an diesem Buch, daß es in vollkommener Liebe die weitere Entwicklung der Menschheit und der Erde aufzeigt und Auswege und Lösungen anbietet.
Dieses Buch macht nicht Angst vor dem Wandel, sondern löst die Energiefelder, die von vielen grausigen Endzeit-Berichten geschaffen wurden, sanft auf.

Dieses Buch ist von der Art, welches beim Lesen den Wunsch erzeugt "das muß ich unbedingt auch Maria, Anton oder Horst zum Lesen geben".

B 29 Wege ins Licht....   29,80

Zu beziehen beim Licht-Quell-Verlag
D-93010 Regensbur
Tel. 0941/ 79 38 42; Fax 0941/ 79 49 10

oder in Ihrer Buchhandlung

ISBN 3-926563-74-5

Neues Video von KEMAN,
dem Autor des Buches
"Wege ins Licht,
Teil I und Teil II über

Geometrische
Strukturen

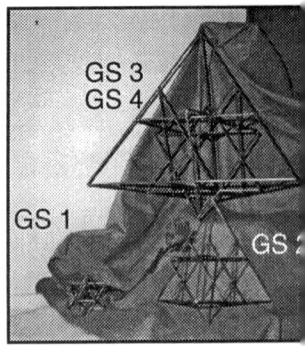

Schon mit der Buchempfehlung von "Zurück in die Zukunft" haben w:
die Thematik der geometrischen Strukturen angeschnitten. In dem Buc
von KEMAN finden wir darin eine Fortsetzung.
Das Auge des Horus und die Merkaba sind die Schlüsselfiguren. Ne
hinzu kommt nun der dreidimensionale

"Kosmische Energie-Transmitter", der in seiner Form ein einzigart.
ges Gebilde von Harmonie und Schönheit ist.

"Der Stern der Harmonie"
ist unserer Merkaba sehr ähnlich und besteht aus zwei Dreieck-Pyram:
den, die versetzt ineinander verschlungen sind. Der Innenraum der sic
durch die beiden Dreieckpyramiden ergibt, nimmt genau zwei Viereck
pyramiden auf, die mit den Grundflächen aufeinanderstehen und eine
Oktaeder darstellen.

"Sternenpendel"
Das Sternenpendel ist sozusagen der kleine Bruder des "Stern der Har
monie" und eignet sich für alle Pendelaufgaben. Er kann auf ein Gla
Wasser gesetzt werden und lädt dieses mit Energie auf.

Die oben erwähnten geometrischen Strukturen werden im Video gena
besprochen. Es wird auch die Anwendung demonstriert. Ein Video, da
sehr viele neue Informationen enthält und über kurz oder lang zu
Pflicht wird.
Die geometrischen Strukturen werden von KEMAN persönlich in Hand
arbeit zusammengebaut. Es sind wunderschöne Gebilde.

V 43 Video "Geometrische Strukturen" 60 Min.   DM   49,0(

Erschienen und Beziehbar beim
Licht-Quell-Verlag; D-93010 Regensburg; Postfach 10 10 20
Tel. 0941/ 79 38 42; Fax 0941/ 79 49 10

Dr. Bach Blüten und die Strukturen der Ängste

Eva-Maria Faller, ein Mitglied unserer Selbsthilfegruppe, ist die Autorin dieses wertvollen Buches. Zum ersten Mal werden den Bach-Blüten die Ängste zugeordnet. Frau Faller besuchte 1982 das allererste Seminar von Mechthild Scheffer. Seit dieser Zeit arbeitet sie mit den Bach-Blüten. Sie setzt in der Praxis in Spanien auch den Orgon-Strahler ein, da sich Orgon-Energie und Bach-Blüten hervorragend miteinander kombinieren lassen.

Inhalt im Überblick:

Einführung
Die Strukturen der Ängste
Holly, die Blüte der Liebe
Dankbarkeit
Sich ergänzende und unterstützende Energien
Das Karussell der Gefühle und Emotionen
Die Macht der Worte
Redensarten, Worte
Angsterzeugende Redensarten
Aufbauende Redensweisen
Angst ist positiv
Alle 3 Aspekte der Bachblüten in Kurzfassung
Zusammenfassung
Chakren und die entsprechenden Organe, Bachblüten und Edelsteine
Zum guten Schluß
Über die Autorin
Die Strukturen der Angst
in Kurzform auf einen Blick
Weitere Buchempfehlungen
Seelenqualitäten; Blockierte Denkmuster; Angststruktur (tabellarisch)
Pendel-Tafeln

Bestellnummer:
B 28 Faller; Bach-Blüten und.. DM 19,80

Leseprobe aus dem Kapitel **"Sich ergänzende und unterstützende Energien"**

Bei 19 Larch z.B., Angst: Fehler zu machen, kann Hilfe 33 Walnut sein, um den Mut zu stärken, oder 6 Cherry Plum, keine Angst vor Strafe, wenn es doch nicht gleich klappt.

3 Beech – die Angst, eigene Fehler sich einzugestehen wird verstärkt von 14 Heather, die eingebildete Wichtigkeit, (neu zu bedenken!), oder 32 Vine, steht die Angst im Vordergrund, an Prestige zu verlieren? Oder ist es Oak: Schwäche zu zeigen?

13 Gorse = Flucht in die Krankheit, weil 4 Centaury, man nicht rechtzeitig nein sagen kann, oder 15 Holly, weil man etwas Zuwendung benötigt? Bleibt man in Krankheit, um die Aufmerksamkeiten anderer nicht zu verlieren, oder weil 37 Wild Rose resigniert wurde?

5 Cerato unterstützt viele Therapien, geht es doch immer wieder darum, daß wir lernen, der eigenen Stimme zu folgen, seinen eigenen Weg zu finden, ob es anderen nun paßt oder nicht. Denn kein anderer weiß, welchen inneren Gesetzen eine Seele folgen muß!

Jens-J. Schlegel

Die heil(ig)ende Grünkraft edler Steine

Handbuch der
Orgon-Edelstein-Therapie
nach
Hildegard von Bingen

Jens-J. Schlegel
Die heil(ig)ende
Grünkraft
edler
Steine

Handbuch
der
Orgon-Edelstein-Therapie
nach
Hildegard von Bingen

Licht-Quell-Verlag Regensburg

Inhalt im Überblick:

Leseprobe aus dem Kapitel "Topas"

Schon die Farbe des Topas ist ein Indiz für jene Qualitäter die Hildegard von Bingen ihm nachsagt: Denn er trägt di Reinheit der Sonne in sich und ist wie lauteres Gold.
So wirkt der Topas in erster Linie stark entgiftend. Vc allem dann, wenn Blut sowie Lymphe eines Mensche durch ständigen Nachschub von Schadstoffen (Nał rung/Alkohol/Nikotin/Coffein/Chemie) überlastet sind un weder Leber noch Milz ihre Reinigunsarbeit ausreichen verrichten können. Nicht selten treten in diesem Zusam menhang als in aller Regel von deren Ursache her mißge deutete Begleiterscheinungen Krampfadern, Hämorrhoide und ekzemartige Hautreaktionen auf, wobei Letztere unte dem allgemeinen Begriff Allergie eingeordnet werden.
Jegliche Salbenschmiererereien zeitigen denn auch nicht de erwünschten langanhaltenden Erfolg, weil das dem Pro blem zu Grunde liegende ursächliche Geschehen unbe rücksichtigt und von daher auch unbehandelt bleibt. Den sowohl Krampfadern als auch Hämorrhoiden sind direkt Folge von Stauungen des Blutflusses im Bereich der Lebe (Pfortader), die für einen Überdruck im venösen Syster verantwortlich zeichnen.
Ständiger anhaltender Streß in Familie und Beruf, andau ernde falsche Ernährungsweise, zuviel tierisches Eiweiß chemisch belastete und maschinell verarbeitete, als denaturierte Nahrungsmittel und die heute kaum zu kon trollierenden starken Umweltbelastungen sind als ....

Jens-J. Schlegel hat in seinem Buch nicht nur die Steine in ihren Wirkungen ausführ lich besprochen, sondern auch eine umfangreiche Indikationstabelle ausgearbeitet.

Bestell-Nummern der Schlegel-Bücher
B 27 Die heil(ig)ende Grünkraft edler Steine   DM 29,80
B 9 Lebensenergie der Schöpfung   DM 58,0C
B 8 Von Menschen, Pflanzen, Steinen und Sternen   DM 48,0C
B 23 Opera - Paracelsi / Nachdruck des Originals
      von 1616 700 Seiten 20x30cm   DM 312,0C

Erhältlich im Lich-Quell-Verlag; Anschrift nächste Seite

ORa Orgon-Strahler in neuer Zusammenstellung

Der ORa Orgon-Strahler ist eine Falle für kosmische Energie. Die sehr schnell schwingende kosmische Energie wird durch den Aufbau des Strahlers eingefangen und auf eine langsamere Schwingung abgebremst. Diese verlangsamte Schwingungsenergie kann nun von unserem Körper aufgenommen werden.

Bestrahlt man sich mit dem ORa Orgon-Strahler, so werden Energie-Defizite ausgeglichen und die Selbstheilkräfte aktiviert. Ebenfalls ist die Energieaufladung von Tieren, Gegenständen und Lebensmittel möglich.

Für Einsteiger in die Arbeit mit Orgon haben wir das Zubehör des ORa Orgon-Strahlers um Turbo-Lader und Breitstrahler ergänzt und die Energie-Birne weggenommen.

Die Einsteiger-Ausstattung besteht aus folgenden Teilen:

ORa Orgon-Strahler mit Globuli-Kugel, Chakra-Kugel und Ständer für Strahler Medikamenten-Wabe und Kabel, Transmitter (Standard, Wasseraufbereitung, Harmonischer Verlauf von Heilreaktionen und Lösch-Ampulle) Breitstrahler Spitze*, Turbolader*, Buch die wichtigsten Pendel-Tafeln, Video, Halter für Ampullen und Fotos.

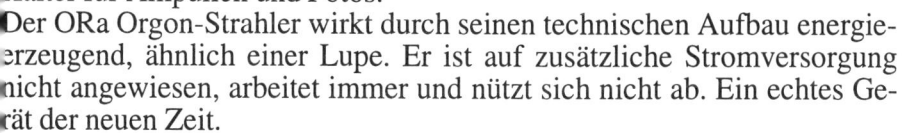

Der ORa Orgon-Strahler wirkt durch seinen technischen Aufbau energieerzeugend, ähnlich einer Lupe. Er ist auf zusätzliche Stromversorgung nicht angewiesen, arbeitet immer und nützt sich nicht ab. Ein echtes Gerät der neuen Zeit.

Wer sich noch genauer informieren will, kann unter dem Stichwort "Orgon-Info" ausführliche Unterlagen anfordern.

Z-4 ORa Orgon-Strahler Einsteiger-Set   DM 698,00

Zu Beziehen bei Fa. Weigerstorfer, Anschrift siehe letzte Seite

Freie Energie Produkte
von Michaela und Richard Weigerstorfer

Richard Weigerstorfer hat in seiner 16-jährigen Tätigkeit mit freien Energien über 600 verschiedene Produkte entwickelt.

Ein kleiner Auszug aus dem Lieferprogramm:

Radionik-Geräte (z.B. der Wellen-Generator)
ermöglichen die Herstellung jeder gewünschten Information, wie Blüten-Essenzen, homöopathischen Mittel oder von Nosoden.

Orgon-Strahler (liefern freie Energie)
kleine für die Reise, größere für Gesundheit, Tiere und Garten und große für Landwirtschaft, Industrie und Umwelt.

Kühlschrank-Frischer
bewirkt, daß der Kühlschrank schon bei kleinster Einstellung optimale Leistung bringt und die Kühlzyklen immer länger werden.

Benzin Zusatz
einige Tropfen in den Tank gegeben, bewirken ca. 10% Kraftstoffeinsparung.

Vril-Stab
zur Energieaufladung von Mensch und Umwelt.

Viele weitere Produkte für die Umwelt, den Haushalt und die Gesundheit, z.B. Ginseng-Tee und Ginseng-Transmitter..

Fordern Sie unseren Katalog an:
Weigerstorfer Michaela und Richard
Postfach 10 10 20
D - 93010 Regensburg
Tel. 0941/ 79 38 42 und
Fax. 0941/ 79 49 10